Lockdown

MW01137479

All text & illustrations by André Klein, except cover art: *Vue du château et du village de Vaduz* by Johann Ludwig Bleuler (1792-1850) via Swiss National Library (Public Domain)

First published on August 18th, 2020

ISBN: 9798675907663

learnoutlive.com

Table of Contents

Introduction

Following the events of Schlamassel in Stuttgart, Dino travels to Liechtenstein to join a coveted workshop, when a global pandemic shutters all entries and exits to the Alpine monarchy.

Stranded in an old castle not far from the capital, he is left to his own devices, grappling with the double whammy of isolation and monotony.

Under the tutelage of eccentric company he's initiated into the subtle arts of alpine cooking, motorcycle maintenance and other coping strategies for uncertain times. But not everyone shares his enthusiasm ...

Explore Liechtenstein, learn about local culture, history and cuisine and improve your German effortlessly along the way.

~

This book is designed to help beginners make the leap from studying isolated words and phrases to reading (and enjoying) German fiction.

Using simplified sentence structures and a very

basic vocabulary you can build upon, this set of 10 connected German short stories is carefully crafted to allow even novice learners to fully immerse themselves in an authentic German language experience.

Each chapter comes with a complete German-English dictionary, with special emphasis on common phrases, idioms and expressions designed for improved memorization.

By working with these building blocks instead of just single words, learners can accelerate their understanding and active usage of new material and make the learning process more fluid and fun.

For further practice we also provide free digital flashcards (link included at the end of this book), which can be used to increase memorization via the 'spaced repetition' method or printed out as word lists to serve as a handy reference while reading.

Viel Spaß beim Lesen und Lernen!
 – André Klein

1. Die Sollbruchstelle

~

„Eine solide Routine ist **das A und O**", sagte Manni und gab mir einen öligen **Schraubenschlüssel**. „**Nicht nur** in **schwierigen** Zeiten, aber *vor allem* dann." Er **wischte** die Hand **an** seinem **Gips ab** und **fügte hinzu**: „Gib mal die **Ratsche**, bitte!"

„Routine?", sagte ich und **suchte** im **Werkzeugkasten**.

„Dein **Tagesablauf**", sagte Manni. „Wenn jede Stunde deines Tages **geplant** ist, dann **bleibt einfach** keine Zeit für **schlechte Laune**."

„Vielleicht", sagte ich und gab ihm einen **Schraubenzieher**. „Aber **was ist das für ein** Leben? Das **macht** doch **keinen Spaß**!"

Er **seufzte** und **schüttelte den Kopf**. „Eine *Ratsche*, habe ich gesagt!" Er **warf** den Schraubenzieher in den Werkzeugkasten und **fuhr fort**: „**Erstens** ist Spaß **überbewertet**. Und **zweitens** –" Er **wühlte** mit den **ölbefleckt**en Händen in dem Kasten.

„Was zweitens?", sagte ich nach einer Pause.

„Ah hier!", sagte er und **nahm** die Ratsche **heraus**. „**Schau**, Kinder brauchen einen **geregelt**en Tagesablauf für eine **gesunde Entwicklung**. Aber für **Erwachsene** ist das nicht **anders**. Wenn die Routine des **Alltags wegbricht**, dann **geht** auch die **Geistesruhe flöten**. Das ist **gewissermaßen** unsere **seelische** Sollbruchstelle. Dort werden die Menschen **anfällig für** die **seltsam**sten Dinge."

„Wie meinst du?", fragte ich und **beobachtete** Manni, wie er mit der Ratsche an einer **Schraube** drehte. „Anfällig für was?"

„**Such dir was aus**", sagte er und **wedelte** mit dem Werkzeug. „Depression, Drogensucht, Verschwörungstheorien – **die volle Bandbreite.**"

„**Mit anderen Worten**, wenn ich keinen geregelten Tagesablauf habe, glaube ich, die Erde ist **flach** und **wird** von **Echsenmenschen regiert?**", fragte ich und lachte.

„Nicht direkt", sagte Manni. „Aber **sagen wir**, solche **abstrus**en Ideen werden dann **attraktiv** für dich, weil sie dir **Struktur** und **Halt geben**. Es **funktioniert im Prinzip** wie Religion."

„**Angenommen du hast recht**", sagte ich. „Wie kann ich eine ‚solide Routine' in meinem Leben haben, wenn alles **sich ständig ändert?**"

„Das ist genau der **Knackpunkt!**", sagte Manni und **drehte** am **Gashebel** des **Motorrads**. Ein **höllischer Lärm füllte** die Garage. Er **runzelte die Stirn** und sagte: „Eine **kugelsichere** Routine **darf nicht** von äußeren **Faktoren abhängig** sein, **sondern** muss **vollständig** in deiner **Hand** liegen."

„Äußere Faktoren?", fragte ich.

„Das **Wetter**, die **politische** Situation, deine **Gesundheit**, Finanzen, **Beziehung**en, *et cetera*", sagte er.

„Aber ist nicht alles **irgendwie** von äußeren Faktoren abhängig?", fragte ich.

Manni **lächelte** und sagte: „Nicht alles, aber sehr vieles. Genau **darum geht es**: den **Unterschied herauszufinden**, und zu **handeln!**"

„Das **klingt nach Arbeit**", sagte ich und **gähnte**.

„**Am Anfang** vielleicht", sagte Manni. „Aber **wenn du einmal den Bogen raus hast**, dann **läuft** es **wie von selbst**." Er **justierte** etwas mit der Ratsche, drehte abermals am Gashebel, **es gab** wieder einen höllischen Lärm, aber **diesmal** nickte er **zufrieden**.

Manfred „Manni" Eberle war ein **Mönch** – das heißt: Ex-Mönch, Benediktiner, **genau gesagt**. Die letzten paar Jahre hatte er als Roadie auf Heavy-

Metal-Konzerten gearbeitet. Aber dann war er von einem **Gerüst** gefallen und hatte sich den Arm **gebrochen**. Und jetzt arbeitete er für ein **Cateringunternehmen**.

Er drückte auf einen **Knopf** und das **Garagentor** öffnete sich. Wir **trat**en **heraus** in **blendend**en Sonnenschein. Die **Gipfel** der Alpen **strahlten** vor blauem Himmel und eine leichte **Brise** fuhr durch die **hohen Pappeln** des **Schlossgartens**.

Wir **spazierten** über den **schlängeligen Kieselstein-Pfad** zum **Haupteingang, vorbei** am **Rosengarten**, dem **Springbrunnen** und der alten **Eiche**. Manni **streckte sich** und sagte: „**Hilfst du mir nachher Kartoffeln schälen?**"

Ich nickte. **Während** er die **schwere** Tür öffnete und das **Schloss betrat**, setzte ich mich auf die **marmornen** Stufen und **blickte** über das grüne **Rheintal**.

Eigentlich wäre heute der letzte Tag des Seminars für „**Zukunftsvision** und **Selbstinnovation**" **gewesen**. Alfredo hatte **mir** ein Ticket für diesen siebentägigen Workshop **besorgt**. Er hatte gesagt, es sei eine **einmalige Gelegenheit**, finanziell **unabhängig** zu **werden** und einen „Businessplan für mein Leben" **aufzustellen**, was auch immer das bedeutet. Es **sollte** eine große **Veranstaltung** mit mehr als 400 **Leuten werden**, **geleitet von** einem **berühmten** YouTuber namens Lucar Maddox, in einem **pittoresken** Schloss in Liechtenstein. Aber jetzt waren die **Grenzen geschlossen**. Der Event war **abgesagt**. Und ich **saß** hier **fest**, ganz alleine in dem großen Schloss, nur ich und Manni der Ex-Mönch.

Das Ticket für den Workshop hatte **angeblich** 1499 Euro gekostet. Aber meine **Schwägerin** Loretta hatte eine Freundin, die mit der Tochter einer Prinzessin von Liechtenstein **zur Schule gegangen** war. Und **deshalb** hatte Alfredo **anscheinend** einen **Rabatt** bekommen. Ich hatte **keine Ahnung**, wer Lucar Maddox war, oder warum ich einen Workshop **besuchen** sollte, aber Elisabeth hatte gerade ein **Praktikum** auf einem **Filmset** in Berlin **begonnen**, und ich hatte **ehrlich gesagt nichts Besseres zu**

tun. Also hatte ich meinen **Koffer gepackt** und ein **Zugticket** gebucht. Zwei Stunden nach meiner **Ankunft** in Liechtenstein kam die **Meldung** auf meinem Telefon – alle Grenzen des Landes waren geschlossen, wegen der globalen Pandemie.

Und so lernte ich **sofort** meine erste Lektion. Ich hatte immer gedacht, Liechtenstein sei eine Stadt. Aber nein, **siehe da**, es ist ein **eigenständig**er Staat, ein **Zwergstaat** mit Grenzen zu Österreich und der Schweiz – Grenzen, die jetzt **dicht** waren. Vielleicht hätte ich es vorher **recherchieren** sollen. **Andererseits** war dies vielleicht der perfekte **Ort**, um eine Pandemie zu **überstehen**. **Denn um** uns **herum** gab es **nichts als Wiese**n, **Schaf**e und **Berg**e.

~

die Sollbruchstelle: predetermined breaking point | **das A und O**: the essential thing [alpha and omega] | **ölig**: oily | **der Schraubenschlüssel**: wrench | **nicht nur**: not only | **schwierig**: difficult | **vor allem**: especially | **wischte ... an ... ab**: wiped ... on ... | **der Gips**: (plaster) cast | **fügte hinzu**: added | **die Ratsche**: ratchet | **suchte**: searched | **der Werkzeugkasten**: toolbox | **der Tagesablauf**: daily routine | **geplant**: planned | **bleibt**: remains | **einfach**: simply | **schlecht**: bad | **die Laune**: mood | **der Schraubenzieher**: screwdriver | **Was ist das für ein ...?**: What kind of a ... is that? | **macht keinen Spaß**: is no fun | **seufzte**: sighed | **(er) schüttelte den Kopf**: (he) shook his head | **warf**: threw | **fuhr fort**: went on | **erstens**: firstly | **überbewertet**: overrated | **zweitens**: secondly | **wühlte**: rummaged | **ölbefleckt**: oil stained | **nahm heraus**: took out | **Schau!**: Look! | **geregelt**: regulated | **gesund**: healthy | **die Entwicklung**: development | **der Erwachsene**: adult | **anders**: different | **der Alltag**: everyday life | **wegbricht**: breaks away | **geht flöten**: goes lost | **gewissermaßen**: in a sense | **seelisch**: mental/emotional/spiritual | **die Geistesruhe**: peace of mind | **anfällig für**: prone to | **seltsam**: strange | **beobachtete**: watched | **die Schraube**: screw | **Such dir was aus!**: Take your pick! | **wedelte**: waved | **die volle Bandbreite**: the whole gamut | **mit anderen Worten**: to put it another way | **flach**: flat | **wird regiert**: is being governed | **die Echsenmenschen**: lizard people | **sagen wir**: let's say | **abstrus**: abstruse | **attraktiv**: attractive | **die Struktur**:

13

structure | **Halt geben**: provide support | **(es) funktioniert**: (it) works | **im Prinzip**: basically | **angenommen**: assumed | **du hast recht**: you are right | **(alles) ändert sich** : (everything) is changing | **ständig**: constantly | **der Knackpunkt**: crux of matter | **drehte**: twisted | **der Gashebel**: accelerator | **das Motorrad**: motorcycle | **höllisch**: infernal | **der Lärm**: noise | **füllte**: filled | **runzelte die Stirn**: frowned | **kugelsicher**: bulletproof | **darf nicht**: must not | **äußere**: external | **der Faktor**: factor | **abhängig von**: dependent on | **sondern**: but | **vollständig**: complete | **(in deiner) Hand liegen**: lie (in your) hand | **das Wetter**: weather | **politisch**: political | **die Gesundheit**: health | **die Beziehung**: relationship | **irgendwie**: somehow | **lächelte**: smiled | **darum geht es**: that's what it's all about | **der Unterschied**: difference | **herauszufinden**: to find out | **handeln**: act | **klingt nach**: sounds like | **die Arbeit**: work | **gähnte**: yawned | **am Anfang**: in the beginning | **wenn du einmal den Bogen raus hast**: once you get the hang of it | **läuft**: runs | **wie von selbst**: as by itself | **justierte**: adjusted | **es gab**: there was | **diesmal**: this time | **zufrieden**: satisfiedly | **der Mönch**: monk | **genau gesagt**: strictly speaking | **das Gerüst**: scaffolding | **das Cateringunternehmen**: catering company | **gebrochen**: broken | **der Knopf**: button | **das Garagentor**: garage door | **trat heraus**: stepped outside | **blendend**: dazzling | **der Gipfel**: summit | **strahlte**: radiated | **die Brise**: breeze | **hohe**: high | **die Pappel**: poplar tree | **der Schlossgarten**: castle garden | **spazierte**: walked | **schlängelig**: winding | **der**

Kieselstein: pebble | **der Pfad**: path | **der Haupteingang**: main entrance | **vorbei an**: past | **der Rosengarten**: rose garden | **der Springbrunnen**: fountain | **die Eiche**: oak tree | **streckte sich**: stretched | **Hilfst du mir?**: Will you help me? | **nachher**: later | **die Kartoffel**: potato | **schälen**: peel | **während**: during | **schwer**: heavy | **das Schloss**: castle | **betrat**: entered | **marmorn**: marbled | **blickte**: looked | **das Rheintal**: Rhine Valley | **eigentlich**: actually | **wäre gewesen**: would have been | **die Zukunftsvision**: future vision | **die Selbstinnovation**: self-innovation | **siebentägig**: seven days | **(hatte) mir besorgt**: (had) obtained for me | **einmalig**: once in a lifetime | **die Gelegenheit**: opportunity | **unabhängig**: independent | **werden**: become | **aufzustellen**: to set up | **sollte werden**: was supposed to become | **die Veranstaltung**: event | **die Leute**: people | **geleitet von**: led by | **berühmt**: famous | **pittoresk**: picturesque | **die Grenze**: border | **geschlossen**: closed | **abgesagt**: canceled | **saß fest**: was stranded | **angeblich**: allegedly | **die Schwägerin**: sister-in-law | **zur Schule gegangen**: attended school | **deshalb**: that's why | **anscheinend**: apparently | **der Rabatt**: discount | **keine Ahnung**: no clue | **besuchen**: attend | **das Praktikum**: internship | **das Filmset**: movie set | **begonnen**: begun | **ehrlich gesagt**: to be honest | **nichts Besseres zu tun**: nothing better to do | **der Koffer**: suitcase | **gepackt**: packed | **das Zugticket**: train ticket | **die Ankunft**: arrival | **die Meldung**: message | **sofort**: immediately | **siehe da**: lo and behold |

eigenständig: independent | **der Zwergstaat**: dwarf state | **dicht**: tight [closed] | **recherchieren**: research | **andererseits**: on the other hand | **der Ort**: place | **überstehen**: ride out [overcome] | **denn**: because | **um ... herum**: around | **nichts als**: nothing but | **die Wiese**: meadow | **das Schaf**: sheep | **der Berg**: mountain

 ## Übung

1. Manni sagt, ... ist das A und O.

a) ein solider Schraubenschlüssel

b) eine solide Routine

c) eine gesunde Entwicklung

2. Für was bleibt laut [*according to*] Manni keine Zeit, wenn jede Stunde des Tages geplant ist?

a) für Spaß

b) für Arbeit

c) für schlechte Laune

3. Dino sagt, ein geplantes Leben macht ...

a) viel Spaß

b) keinen Spaß

c) schlechte Laune

4. Was ist laut Manni überbewertet?

a) ein geregelter Tagesablauf

b) ein solider Werkzeugkasten

c) Spaß

5. Manni sagt, Verschwörungstheorien funktionieren wie ...

a) Schraubenschlüssel

b) Religion

c) Drogensucht

6. Wo sind Dino und Manfred?

a) in einem Garten

b) auf einem Konzert

c) in einer Garage

7. Sie arbeiten an einem ...

a) Auto

b) Motorrad

c) Computer

8. Manni sagt, eine solide Routine darf nicht von ... abhängen.

a) schlechter Laune

b) inneren Faktoren

c) äußeren Faktoren

9. Was sind laut Manni äußere Faktoren?

a) das Werkzeug, die politische Situation, die Gesundheit

b) das Wetter, die politische Situation, die Geistesruhe

c) das Wetter, die politische Situation, die Gesundheit

10. Wer ist Manni?

a) ein ehemaliger Mönch

b) ein Mechaniker

c) ein ehemaliger Roadie

11. Als was hat Manni die letzten paar Jahre gearbeitet?

a) als Mechaniker

b) als Roadie

c) als Koch

12. Warum hat er sich den Arm gebrochen?

a) Er ist von einem Motorrad gefallen.

b) Er ist von einer Garage gefallen.

c) Er ist von einem Gerüst gefallen.

13. Jetzt arbeitet Manni für ...

a) ein Cateringunternehmen

b) Heavy-Metal-Konzerte

c) einen Motorrad-Service

14. Dinos Bruder, Alfredo, hat ihm ein Ticket für ... besorgt.

a) ein Heavy-Metal-Konzert

b) einen Workshop

c) eine Motorradfahrt

15. Der Workshop sollte ... in Liechtenstein stattfinden [*take place*].

a) in einem pittoresken Schloss

b) in einer großen Garage

c) auf einem Heavy-Metal-Konzert

16. Wer sollte den Workshop leiten?

a) ein Roadie

b) ein YouTuber

c) ein Ex-Mönch

17. Wie viel hatte das Ticket gekostet?

a) 1499 Euro

b) 1940 Euro

c) 1499 Franken

18. Warum sind die Grenzen Liechtensteins geschlossen?

a) wegen der politischen Situation

b) wegen des schlechten Wetters

c) wegen der Pandemie

19. Liechtenstein ist ...

a) eine Stadt

b) ein Stadtstaat

c) ein Zwergstaat

20. Welche Länder grenzen an Liechtenstein?

a) Deutschland und Österreich

b) die Schweiz und Österreich

c) Italien und Österreich

2. „Alles ist relativ.“

~

Das Schloss, **in dem** wir wohnen, hat angeblich mehr als 200 Zimmer, aber mein Zimmer ist **erstaunlich** klein! Hier ist **gerade genug Platz** für ein Bett, einen Stuhl und einen **Schreibtisch**. **Zugegeben**, die **Aussicht** ist **fantastisch**. Von meinem Fenster im **Westflügel** kann ich die Alpen und **sogar** das Schloss des Prinzen von Liechtenstein sehen. Er wohnt ein bisschen **tiefer** im Tal, und sein Schloss ist **um einiges** größer als unseres. **Laut** Manni ist er der letzte **echt**e Monarch in Europa. Ob er besser **schläft** als ich?

Gestern Nacht habe ich wieder **stundenlang** im Internet **verbracht**. Das ist jetzt meine Routine. Ich habe mir ein paar Videos von diesem „Lucar Maddox" angeschaut. Er ist ein **schmal**er, **blass**er Junge mit blondem Haar, blauen Augen und einem **akkurat getrimmt**en **Spitzbart**. Die meisten Videos sind **Aufnahme**n von **früher**en Workshops. Er sitzt dort auf einer **Bühne** und erzählt irgendetwas von „**Energie**n", „**Manifestation**en" und „**Visualisierung**en", aber ich verstehe kein Wort. Im **Publikum** sitzen junge und alte Menschen. Sie haben Probleme mit ihren Beziehungen, **Geschäft**en, oder suchen nach dem **Sinn des Lebens**. Und auf ihre Fragen antwortet Lucar Maddox Dinge wie: „Alles ist relativ", „Die Welt ist eine Illusion", oder: „Das Ego ist die **Wurzel** des **Böse**n".

Auf seinem Instagram kann man Lucar Maddox

auf einem Jetski in den Malediven, beim **Fallschirm-springen** in Dubai, in einem thailändischen Tempel und auf einer Yacht mit **Mädchen** in Bikinis sehen. Angeblich **isst** er nur vegan und trinkt **ausschließlich** Fair-Trade-Kaffee.

Um drei Uhr morgens **legte** ich **endlich** mein **Handy beiseite**. Meine Augen **brannte**n. Als ich **aufwachte**, war es elf. Ich streckte mich, ging zum Fenster und öffnete es. Dann **schloss** ich die Augen und **sog** die frische Alpenluft in meine **Lunge**n – doch ein **säuerliche**r **Geruch** lag in der Luft. Ich **entdeckte** eine weiße **Flüssigkeit** auf dem **Fenstersims** – **vermutlich Vogeldreck**. Ich **rümpfte** die Nase, schloss das Fenster und **trottete** langsam zum **Waschsaal**, denn 1499 Euro sind anscheinend nicht genug für ein eigenes **Badezimmer**. Ich **duschte**, **putzte** die **Zähne** und ging die **breite Wendeltreppe** nach unten in den **Speisesaal**.

Wie jeden Tag hatte Manni das reguläre **Frühstücksbuffet zubereitet**. Für ihn **machte** es **keinen Unterschied**, dass ich der einzige Gast war. Dies war *seine* Routine. Es gab **Früchte, Käse, Rührei, Spiegelei, Wurst, frisch gepresst**en Orangensaft, Kaffee und Tee. Ich aß *Riebel*, ein liechtensteinisches **Maisgericht** und trank schwarzen Kaffee.

Da klingelte mein Telefon. Es war Elisabeth. Ich **schluckte** meinen Riebel herunter und **winkte** in die Kamera.

„Hey, Dino!", rief sie und winkte zurück. Sie lächelte, aber ihre Stirn **legte sich in Falten**. „Wie geht es dir?"

„Ich kann mich nicht **beklagen**", sagte ich und **schwenkte** die Kamera durch den leeren Speisesaal, über die **riesig**en Gemälde mit **Platzhirsch**en, die **Kronleuchter** und das Buffet.

„Ich bin so **neidisch**", sagte sie. „Hier in der **WG** ist alles ein bisschen **eng**."

„Moment", sagte ich. „Du wohnst in einer WG? Ich **dachte**, du bist in einem Hotel?"

„Ja", sagte sie. „Zuerst war ich einem Hotel, aber dann haben sie das Hotel geschlossen! Und jetzt wohne ich hier in der WG mit der **Kamerafrau** und zwei anderen Leuten."

„Oh", sagte ich. „Das WG-Leben kenne ich gut. Ist euer **Kühlschrank** voll?"

„Ha!", rief Elisabeth. „**Hör bloß auf**! Gestern habe ich eine **saftige Honigmelone** gekauft und als ich sie am **Nachmittag** essen **wollte**, war sie **verschwunden**."

„Wie ein schwarzes Loch", sagte ich und **grinste**.

„Ich weiß nicht ...", sagte Elisabeth und schaute in die Luft. „**Normalerweise würde** es **mich nicht stören**, aber **es nervt momentan** einfach extrem, zum Supermarkt zu gehen."

„Wieso?", sagte ich und trank einen Schluck Kaffee.

„Es ist **ziemlich apokalyptisch**", sagte sie. „Die Leute kaufen **Nudel**n und **Klopapier, als gäbe es kein Morgen**. Die **Kassiererin**nen sitzen mit **Maske**n und **Handschuh**en hinter Plexiglas. Am **Eingang** wird **kontrolliert**, dass nicht zu viele Leute **gleichzeitig hineingehen**. Und im Markt soll man eigentlich **Abstand halten**. Aber das **funktioniert**

nicht richtig. Heute am **Milchregal** stand ein **älterer** Mann **beinahe** auf meinen **Füßen.** Warum kann er nicht zwei Sekunden **warten,** bevor er seinen **verdammt**en **Milchreis** nimmt?" Sie seufzte. „Und bei dir? Alles **in Ordnung?"**

„Ja", sagte ich. „Wir haben hier genug Essen für 400 Leute. Und Manni kann verdammt gut kochen."

„Manni?", sagte sie. „Ist das dieser Mönch?"

„Ex-Mönch", sagte ich und **leerte schlürfend** meine Kaffeetasse.

„Ach, Dino!", rief sie. „Ich **hätte** zurück nach England fliegen **sollen!** Aber ich habe zu lange gewartet, und jetzt ist es zu spät."

„Sind die **Flughäfen** in Berlin geschlossen?", fragte ich.

„Nein", sagte sie. „Nicht wirklich. Aber es ist alles **ausgebucht.** Und an den Flughäfen **herrscht** totales **Chaos. Außerdem** ist die Situation in England nicht wirklich besser, sondern eigentlich noch viel **schlimmer.** Nein, ich glaube, es ist besser, hier in Berlin zu bleiben, bis alles wieder normal ist."

„Manni sagt, es ist **sinnlos**, auf **Normalisierung** zu warten. Er sagt, es ist besser, die Situation zu akzeptieren und **das beste daraus zu machen.**"

„Wahrscheinlich hat er recht", sagte sie. „Niemand weiß, wie lange das noch **dauern** wird. Es kann **eine Frage von** Wochen, Monaten, oder vielleicht sogar Jahren sein ..."

„Sind bei euch alle Geschäfte geschlossen?", fragte ich.

„**Bis auf** Supermärkte und Drogerien ist hier eigentlich alles **zu**", sagte sie. „Die Straßen von Berlin sind **gespenstisch** leer. Keine Restaurants, keine Clubs, keine Cafés, keine Partys."

„Und was machen die Leute den ganzen Tag?", fragte ich.

Elisabeth zuckte mit den Achseln und sagte: „**Kommt darauf an**. Hier in der WG **kochen** und **backen** wir viel und schauen **Serien**. Marina, die Kamerafrau, hat angefangen, **Vietnamesisch** zu lernen. Robert ist ein bisschen depressiv, glaube ich. Und Jens, **na ja**, er **behauptet**, das ist alles ein riesiges **Komplott** und der Virus ist eine **Erfindung** von amerikanischen **Milliardär**en."

„Was ist seine Routine?", fragte ich.

„Häh?", sagte sie.

„**Na,** wie geregelt ist sein Tagesablauf?", fragte ich.

„Keine Ahnung", sagte Elisabeth. „Wieso?"

In dem Moment betrat Manni den Speisesaal und gab mir ein **Zeichen.** „Elisabeth, ich muss **Schluss machen.**"

„**Pass auf dich auf**, Dino!", sagte sie.

„Du auch", sagte ich und **beendete** das Gespräch.

~

in dem: in which | **erstaunlich**: astoundingly | **gerade genug**: barely enough | **der Platz**: space | **der Schreibtisch**: desk | **zugegeben**: admitted | **die Aussicht**: view | **fantastisch**: fantastic | **der Westflügel**: west wing | **sogar**: even | **tiefer**: deeper [lower] | **um einiges**: a good deal | **laut**: according to | **echt**: genuine | **schläft**: sleeps | **stundenlang**: for hours | **verbracht**: spent | **schmal**: slim | **blass**: pale | **akkurat**: accurately | **getrimmt**: trimmed | **der Spitzbart**: goatee beard | **die Aufnahme**: recording | **früher**: previous | **die Bühne**: stage | **die Energie**: energy | **die Manifestation**: manifestation | **die Visualisierung**: visualization | **das Publikum**: audience | **das Geschäft**: business | **der Sinn des Lebens**: meaning of life | **die Wurzel**: root | **das Böse**: evil | **das Fallschirmspringen**: parachuting | **die Mädchen**: girls | **isst**: eats | **ausschließlich**: exclusively | **legte beiseite**: put aside | **endlich**: finally | **das Handy**: mobile phone | **brannte**: burned | **(als ich) aufwachte**: (when I) awoke | **schloss**: closed | **sog**: sucked | **die Lunge**: lungs | **säuerlich**: acidic | **der Geruch**: smell | **entdeckte**: discovered | **die Flüssigkeit**: liquid | **das Fenstersims**: window sill | **vermutlich**: presumably | **der Vogeldreck**: bird droppings | **rümpfte**: wrinkled up | **trottete**: trotted | **der Waschsaal**: washroom | **das Badezimmer**: bathroom | **dank**: thanks to | **duschte**: showered | **putzte**: cleaned | **die Zähne**: teeth | **breit**: broad | **die Wendeltreppe**: spiral staircase | **der Speisesaal**: dining room | **wie jeden Tag**: like every day | **das Frühstücksbuffet**: breakfast buffet | **zubereitet**: prepared | **(es)**

machte keinen Unterschied: (it) made no difference | **die Früchte**: fruits | **der Käse**: cheese | **das Rührei**: scrambled egg | **das Spiegelei**: fried egg | **die Wurst**: sausage | **frisch gepresst**: freshly squeezed | **das Maisgericht**: corn dish | **schluckte**: swallowed | **winkte**: waved | **(ihre Stirn) legte sich in Falten**: (she) wrinkled (her) brow | **beklagen**: lament | **schwenkte**: panned | **riesig**: huge | **der Platzhirsch**: dominant male deer | **der Kronleuchter**: chandelier | **neidisch**: envious | **WG [Wohngemeinschaft]**: shared apartment | **eng**: narrow | **dachte**: thought | **die Kamerafrau**: camerawoman | **der Kühlschrank**: refrigerator | **Hör bloß auf!**: Stop it! | **saftig**: juicy | **die Honigmelone**: honeydew melon | **der Nachmittag**: afternoon | **wollte**: wanted | **verschwunden**: disappeared | **grinste**: grinned | **normalerweise**: normally | **würde mich nicht stören**: wouldn't bother me | **es nervt**: it sucks | **momentan**: currently | **ziemlich**: pretty | **apokalyptisch**: apocalyptic | **die Nudel**: noodle | **das Klopapier**: toilet paper | **als gäbe es kein Morgen**: as if there were no tomorrow | **die Kassiererin**: cashier [female] | **die Maske**: mask | **der Handschuh**: glove | **der Eingang**: entrance | **(es wird) kontrolliert**: (it's being) controlled | **gleichzeitig**: simultaneously | **hineingehen**: go inside | **Abstand halten**: keep a distance | **funktioniert nicht**: does not work | **richtig**: really | **das Milchregal**: milk shelf | **älterer**: older | **beinahe**: almost | **die Füße** : feet | **warten**: wait | **verdammt**: damn | **der Milchreis**: rice pudding | **in Ordnung**: alright | **leerte**: emptied

33

| **schlürfend**: sipping | **(ich) hätte ... sollen**: (I) should have... | **die Flughäfen**: airports | **ausgebucht**: fully booked | **(es) herrscht Chaos**: there's chaos | **außerdem**: besides | **schlimmer**: worse | **sinnlos**: pointless | **die Normalisierung**: normalization | **das beste daraus zu machen**: to make the best of it | **dauern**: last | **eine Frage von**: a matter of | **bis auf**: except | **zu**: closed | **gespenstisch**: spooky | **Kommt darauf an.**: Depends. | **kochen**: cook | **backen**: bake | **die Serie**: (TV) series | **Vietnamesisch**: Vietnamese | **na ja, ...**: well, ... | **behauptet**: claims | **das Komplott**: plot [conspiracy] | **die Erfindung**: invention | **der Milliardär**: billionaire | **na, ...**: well, ... | **das Zeichen**: sign | **Schluss machen**: call it a day | **Pass auf dich auf!**: Take care of yourself! | **beendete**: ended

 # Übung

1. Wie viele Zimmer hat das Schloss?

a) weniger als zweihundert

b) zweihundert

c) mehr als zweihundert

2. Dinos Zimmer ist erstaunlich ...

a) groß

b) klein

c) schmutzig

3. Was kann er *nicht* von seinem Fenster aus sehen?

a) das Schloss des Prinzen von Liechtenstein

b) die Alpen

c) die Garage

4. Was ist Dinos „Routine" in der Nacht?

a) Bücher lesen

b) im Internet surfen

c) Briefe schreiben

5. Wer kommt in den Videos zu Lucar Maddox' Workshops?

a) junge Menschen

b) junge und alte Menschen

c) alte Menschen

6. Mit was haben diese Menschen Probleme?

a) mit ihren Geschäften und Beziehungen

b) mit ihren Energien und Beziehungen

c) mit ihren Geschäften und Visualisierungen

7. Was antwortet Lucar *nicht* auf ihre Fragen?

a) „Die Welt ist eine Illusion."

b) „Das Ego ist die Wurzel des Bösen."

c) „Eine solide Routine ist das A und O."

8. Wann ist Dino eingeschlafen?

a) um drei Uhr morgens

b) um drei Uhr nachmittags

c) um zwei Uhr morgens

9. Wann ist er aufgewacht?

a) um 10 Uhr

b) um 11 Uhr

c) um 12 Uhr

10. Was findet Dino auf dem Fenstersims?

a) Zahnpasta

b) Fair-Trade-Kaffee

c) Vogeldreck

11. Was gibt es zum Frühstück?

a) Früchte, Käse, Pfannkuchen, Spiegelei und Wurst

b) Früchte, Joghurt, Rührei, Spiegelei und Wurst

c) Früchte, Käse, Rührei, Spiegelei und Wurst

12. Was ist Riebel?

a) ein Eiergericht

b) ein Maisgericht

c) ein Käsegericht

13. Wie trinkt Dino seinen Kaffee?

a) mit Milch

b) mit Milch und Zucker

c) schwarz

14. Wo ist Elisabeth?

a) in Berlin

b) in Shepperton

c) in Stuttgart

15. Wo wohnt sie?

a) in einem Schloss

b) in einer WG

c) in einem Hotel

16. Warum geht Elisabeth nicht gerne zum Supermarkt?

a) Es ist „ziemlich apokalyptisch".

b) Es ist alles zu teuer.

c) Es gibt nicht genug Produkte.

17. Eigentlich wollte sie ... fliegen.

a) zurück nach England

b) nach New York

c) in den Urlaub

18. Was hat in Berlin *nicht* geschlossen?

a) Restaurants und Clubs

b) Supermärkte und Drogerien

c) Restaurants und Drogerien

19. Was lernt Elisabeths Mitbewohnerin?

a) Chinesisch

b) Vietnamesisch

c) Spanisch

20. Elisabeths Mitbewohner sagt, der Virus ist ...

a) eine Erfindung von amerikanischen Millionären

b) eine Einbildung von amerikanischen Millionären

c) eine Erfindung von amerikanischen Milliardären

21. Was gibt Manni Dino?

a) ein Zeichen

b) eine Zeichnung

c) einen Kaffee

3. Ora et labora

~

„Heute machen wir den vierten **Stock**", sagte Manni. Der Ex-Mönch stand im **Flur**, nur mit einer **Badehose bekleidet**. Ein großes Tattoo eines **Totenkopfs bedeckte** seine **Brust**. Angeblich hatte er es kurz nach seinem **Unfall** gemacht, als **Gedenken** an die **Sterblichkeit**.

Wir **stieg**en die vielen Treppenstufen **hinauf** bis

in den vierten Stock. Manni und ich hatten eine **Abmachung** mit der **Schlossverwaltung**. Wir **durften** während des Lockdowns im Schloss bleiben, aber **im Gegenzug** mussten wir uns **um eine Reihe von** Dingen **kümmern**. Zum Beispiel mussten wir **regelmäßig** alle **Wasserhähne** und **Duschen** aufdrehen. Jeden Tag machten wir einen anderen Teil des Schlosses.

„**Wenn ich du wäre**, würde ich das **ausziehen**", sagte Manni und zeigte auf mein weißes T-Shirt.

„Nein", sagte ich. „Heute werde ich **aufpassen**."

„**Wie du meinst**", sagte der Ex-Mönch und lächelte.

„Ich verstehe noch immer nicht, warum das so wichtig ist", sagte ich, während wir durch den Flur gingen.

„Ein Wort", sagte Manni. „**Legionellen**." Er ging in ein Badezimmer und drehte die Wasserhähne und die Dusche auf. „Das sind kleine **Bakterien!**", hörte ich ihn **rufen**. „Sie lieben warmes Wasser, aber **hassen Bewegung**."

Ich ging in ein anderes Badezimmer, **drehte vorsichtig** eine Dusche **auf**, aber nichts **passierte**. Der **Duschkopf** sah **rostig** aus. Ich **kratzte** mit dem **Fingernagel** an dem Metall, **nahm** den Duschkopf und **hielt** ihn **an** mein **Ohr**. Ich hörte nichts. „Manni?", rief ich. „Ich **glaube**, diese Dusche hier –", und da **schoss** plötzlich rot-braunes Wasser aus dem Duschkopf direkt in mein Ohr.

Ich trat hinaus in den Flur und der Ex-Mönch lachte laut, als er mich sah. Mein T-Shirt war **klatschnass** und voll **rötlich**er Flecken. Manni **warf mir** ein Handtuch **zu**.

„**Wem gehört** dieses Schloss eigentlich?", fragte ich, während ich meinen Kopf **trocknete**.

„Gute Frage", sagte er und zuckte mit den Achseln. „Ich habe gehört, dass es letztes Jahr für einen **Franken** verkauft wurde."

„Für einen Franken?", rief ich und lachte. „Bist du **sicher**?"

„Das ist natürlich nur ein **symbolisch**er Preis", sagte Manni. „Die wirklichen Kosten bei so einem

Schloss liegen in der **Wartung** und **Verwaltung**. Außerdem stehen die meisten dieser Schlösser unter **Denkmalschutz**. Du kannst hier nicht einfach eine Foto-**Tapete** aufhängen und Ikea-Möbel **reinstellen**. Das muss alles historisch korrekt sein. Dafür brauchst du spezielle **Handwerker** und **Restaurateure**. Und das alles kostet einen **Haufen Kohle!**"

„Verstehe", sagte ich. „Und mit solchen Veranstaltungen und Workshops versuchen sie, die Kosten zu **decken**."

„**Möglich**", sagte Manni.

Ich betrat einen Waschsaal mit zwölf Duschen und drehte sie **nacheinander** auf. Es war ziemlich laut. „Manni?", rief ich. „Kann ich dich etwas fragen?"

„Was?", rief er. „Ich verstehe nichts."

Ich drehte die Duschen ab, ging zurück in den Flur und fragte: „**Wie wird man** eigentlich Mönch?"

„Wieso?", fragte Manfred und trat aus einem Badezimmer. Er war jetzt **ebenfalls** klatschnass. „Willst du ins Kloster gehen?"

„Nein", sagte ich und lachte. „Aber ich meine, wie

kommt man vom normalen Leben zum Mönchsleben?"

„Bei uns im **Benediktinerorden** machst du zuerst dein **Postulat**. Das sind 2–6 Monate, wo man im Kloster wohnt und den Tagesablauf **kennenlernt**", sagte Manni und trocknete seine Haare mit einem Handtuch. „Dann mit dem Beginn des **Noviziats** bekommst du deinen Habit, also das **Ordensgewand**, und studierst die **Regeln** des Heiligen Benedikt. Das dauert normalerweise ein Jahr. Dann kommt die **sogenannte** ‚zeitliche **Profess**‘ für drei Jahre. Und wenn du dann immer noch nicht genug hast, kannst du die ‚**feierliche ewige** Profess‘ **ablegen**. Das ist dann für den Rest deines Lebens."

„Das klingt **kompliziert**", sagte ich. „Und bis zu welchem ... Level hast du es **geschafft**?"

„Ich war fünfzehn Jahre hier in einem Kloster ganz in der Nähe", sagte Manni.

„Fünfzehn Jahre?", rief ich. „Wow!"

„Ja", sagte Manni und lächelte. „Es waren fünfzehn gute Jahre. Ich **bereue** es nicht."

„Aber warum hast du das Kloster verlassen?", fragte ich.

„Keine Ahnung", sagte er. „Das war kein großer Moment oder eine ‚dunkle Nacht der Seele'. Irgendwann war meine spirituelle Batterie einfach leer; ich hatte **komplett** das **Interesse an Erlösung verloren.**" Er zuckte mit den Achseln.

„Wie meinst du?", fragte ich. „Hast du deinen **Glaube**n verloren?"

„**Umgekehrt**", sagte er. „Der Glaube hat mich verloren."

„Häh?", sagte ich.

„Wenn du mich fragst, haben wir alle zu *viel* Glauben. Wir glauben an die **Wichtigkeit** unserer **Vergangenheit**, unserer **Zukunft**, und dass wir der **Mittelpunkt** von allem sind", sagte Manni. „Aber wir sind nur ein **Stäubchen** in der **Ewigkeit.**"

„Mmh", sagte ich.

„Aber **versteh mich nicht falsch!**", sagte Manni. „Ich habe das Kloster verlassen, aber ich **lebe** noch immer **nach** denselben **Grundsätze**n, **zumindest** im

Prinzip. Das ist ein solider **Rahmen** für ein gutes Leben. Nur man braucht dazu kein Kloster, kein **mittelalterliches Gewand** und den Rest der Folklore."

„Ora et labora", sagte ich. „**Beten** und **arbeiten** – das ist euer Grundsatz, **nicht wahr?**"

Manni lächelte und sagte: „Es ist **einer von vielen.** Eigentlich heißt es ‚*ora et labora et lege*' – ‚Bete, arbeite und **lies!**' Aber du hast recht, es muss immer ein **Gleichgewicht** geben zwischen **geistig**er und **körperlich**er **Aktivität.** Apropos, genug geredet."

Manni **verschwand** im nächsten Zimmer. Ich seufzte und ging zur nächsten Tür. Ich legte meine Hand auf den **Türgriff, drückte** ihn **herunter** und hörte plötzlich einen Schrei.

Ich **sprang** einen **Schritt zurück.** Meine Hand **zitterte.** „Dino?", sagte Manni neben mir. „**Was ist los?**"

Ich zeigte auf die Tür und **flüsterte:** „Da ist **jemand.**"

„Das kann nicht sein", sagte Manni und runzelte die Stirn. Er klopfte und rief: „Hallo?"

„**Besetzt!**", rief eine Stimme, die mir irgendwie **bekannt vorkam**. Dann hörten wir die **Toilettenspülung**. Die Tür öffnete sich einen Spalt und ich sah das Gesicht von Lucar Maddox.

„Was wollt ihr?", sagte der Junge, der in Realität noch viel blasser und schmaler wirkte, als auf den Videos.

„Lucar?", sagte ich. „Was machst du hier?"

„Was ich hier mache?", rief der Junge und lachte **verächtlich**. „Ich wohne hier!" Er kniff die Augen zusammen und **inspizierte** Mannis **Totenkopftattoo**, den **Gipsarm** und mein **schmutziges** T-Shirt.

„Ähm, wir auch", sagte ich.

„Kennst du den Typen?", fragte Manfred.

„Natürlich", sagte ich. „Das ist Lucar Maddox, der **Leiter** dieses Seminars."

„*Erstens* ist es ein Workshop", sagte der Junge mit **nasal**er **Stimme**. „Und zweitens wurde er abgesagt, wegen dem" – er machte **Anführungszeichen** in der Luft – „Virus."

„Ja", sagte ich. „Aber wir haben einen Deal mit der Schlossverwaltung."

„Moment", sagte Manni zu dem Jungen. „Du willst sagen, du wohnst seit mehr als einer Woche hier im vierten Stock? Warum sehen wir dich jetzt **zum ersten Mal?**"

„Keine Ahnung", sagte Lucar und trat aus der Tür. „Das ist nicht mein Problem." Er trug einen weißen **Bademantel** und beige **Pantoffel**n mit „LM"-**Insignien. Orangefarbene Chipskrümel klebten an** seinem **Kragen**.

„Aber ich habe auf Instagram gesehen, dass du auf Bali bist!", rief ich.

„Photoshop", sagte er nur und grinste. „**Tolle Erfindung.**"

„**Schön und gut**", sagte Manni und machte eine Bewegung mit seinem Gipsarm. „Aber warum kommst du nie zum Essen? Hast du keinen Hunger?"

„**Hör zu!**", sagte Lucar und **rülpste**. „Ich habe hier genug **Vorräte** für ein **halb**es Jahr. Ich brauche keine **Almosen**." Dann ging er den Flur hinunter und verschwand durch eine Tür, ohne sich noch einmal umzudrehen.

~

der **Stock**: floor | der **Flur**: corridor/hallway | die **Badehose**: swimming trunks | **bekleidet**: dressed | der **Totenkopf**: skull | **bedeckte**: covered | die **Brust**: chest | der **Unfall**: accident | das **Gedenken**: remembrance | die **Sterblichkeit**: mortality | **stieg hinauf**: ascended [climbed up] | die **Abmachung**: deal | die **Schlossverwaltung**: castle administration | **(wir) durften**: (we) were allowed to | **im Gegenzug**: in return | **eine Reihe von**: a number of | **um ... kümmern**: to take care of ... | **regelmäßig**: regularly | der **Wasserhahn**: tap | die **Dusche**: shower | **Wenn ich du wäre ...**: If I were you... | **ausziehen**: take off [item of clothing] | **aufpassen**: pay attention | **Wie du meinst!**: Suit yourself! | die **Legionellen**: Legionella | die **Bakterien**: bacteria | **rufen**: call | **hassen**: hate | die **Bewegung**: movement | **drehte auf**: turned up | **vorsichtig**: cautiously | **passierte**: happened | der **Duschkopf**: shower head | **sah ... aus**: looked ... | **rostig**: rusty | **kratzte**: scratched | der **Fingernagel**: fingernail | **nahm**: took | **hielt ... an**: held ... to | das **Ohr**: ear | **(ich) glaube**: (I) believe | **schoss**: shot | **klatschnass**: soaking wet | **rötlich**: reddish | **warf mir ... zu**: chucked me ... | **Wem gehört (dieses) ...?**: Whose ... is (this)? | **trocknete**: dried | der **(Schweizer) Franken**: Swiss franc | die **Währung**: currency | **sicher**: sure | **symbolisch**: symbolic | die **Wartung**: maintenance | die **Verwaltung**: administration | der **Denkmalschutz**: protection of historical monuments | die **Tapete**: wallpaper | **reinstellen**: put in | der **Handwerker**: craftsman | der **Restaurateur**: restaurateur | der **Haufen**: heap

| **die Kohle**: dough [money] | **decken**: cover | **möglich**: possibly | **nacheinander**: one after the other | **Wie wird man ...?**: How do you become ...? | **ebenfalls**: as well [also] | **der Benediktinerorden**: Benedictine order | **das Postulat**: postulate | **kennenlernt**: gets to know | **das Noviziat**: novitiate | **das Ordensgewand**: habit of order | **die Regeln**: rules | **sogennant**: so-called | **die Profess**: profession [to a religious order] | **feierlich**: solemn | **ewig**: eternal | **ablegen**: to take [exam] | **kompliziert**: complicated | **geschafft**: managed | **(ich) bereue**: (I) regret | **komplett**: completely | **das Interesse an**: interest in | **die Erlösung**: redemption | **verloren**: lost | **der Glaube**: faith | **umgekehrt**: to the contrary | **die Wichtigkeit**: importance | **die Vergangenheit**: past | **die Zukunft**: future | **der Mittelpunkt**: center | **das Stäubchen**: speck [of dust] | **die Ewigkeit**: eternity | **Versteh mich nicht falsch!**: Don't get me wrong! | **(ich) lebe nach**: (I) live according to | **der Grundsatz**: principle | **zumindest**: at least | **der Rahmen**: frame | **mittelalterlich**: medieval | **das Gewand**: robe | **beten**: pray | **arbeiten**: work | **..., nicht wahr?**: isn't that so? | **einer von vielen**: one of many | **Lies!**: Read! | **das Gleichgewicht**: balance | **geistig**: mental/spiritual | **körperlich**: physical | **die Aktivität**: activity | **verschwand**: disappeared | **der Türgriff**: door handle | **drückte herunter**: pushed down | **sprang zurück**: jumped back | **der Schritt**: step | **zitterte**: trembled | **Was ist los?**: What's the matter? | **flüsterte**: whispered | **jemand**: someone | **besetzt**: occupied | **bekannt vorkam**:

sounded familiar | **die Toilettenspülung**: toilet flushing | **verächtlich**: scornfully | **inspizierte**: inspected | **das Totenkopftattoo**: skull tattoo | **der Gipsarm**: plastered arm | **schmutzig**: dirty | **der Leiter**: facilitator | **nasal**: nasal | **die Stimme**: voice | **das Anführungszeichen**: quotation mark | **zum ersten Mal**: for the first time | **der Bademantel**: bathrobe | **der Pantoffel**: slipper | **die Insignien**: insignia | **orangefarben**: orange-colored | **der Chipskrümel**: chips crumb | **klebte an**: stuck to | **der Kragen**: collar | **toll**: terrific | **die Erfindung**: invention | **schön und gut**: fair enough | **Hör zu!**: Listen! | **rülpste**: burped | **die Vorräte**: supplies | **halb**: half | **die Almosen**: alms

 # Übung

1. Was machen Dino und Manni jeden Tag?

a) Sie drehen die Wasserhähne und Duschen ab.

b) Sie reparieren die Wasserhähne und Duschen.

c) Sie drehen die Wasserhähne und Duschen auf.

2. Was sind Legionellen?

a) Bakterien

b) Viren

c) Werkzeug

3. Legionellen ...

a) lieben kaltes Wasser, aber hassen Bewegung

b) hassen warmes Wasser und lieben Bewegung

c) lieben warmes Wasser, aber hassen Bewegung

4. Für welchen Preis wurde das Schloss laut Manni verkauft?

a) für einen Euro

b) für einen Franken

c) für eine Million Franken

5. Wo liegen die wirklichen Kosten bei einem Schloss?

a) in der Wartung und Routine

b) in der Wartung und Veranstaltung

c) in der Wartung und Verwaltung

6. Was ist *kein* Synonym für Geld?

a) Kohle

b) Kies

c) Sand

7. Zu welchem Orden gehörte Manni?

a) Benediktinerorden

b) Karmeliterorden

c) Franziskanerorden

8. Wie viele Jahre war Manni Mönch?

a) 5

b) 15

c) 50

9. Warum hat Manni das Kloster verlassen?

a) Er hatte die Hoffnung verloren.

b) Er hatte seinen Glauben verloren.

c) Er hatte das Interesse an Erlösung verloren.

10. Manni sagt, wir alle haben ... Glauben.

a) keinen

b) zu wenig

c) zu viel

11. Was bedeutet „ora et labora et lege"?

a) „Rede, arbeite und lies!"

b) „Bete, arbeite und iss!"

c) „Bete, arbeite und lies!"

12. Wen findet Dino hinter einer Tür?

a) einen Mönch

b) Lucar Maddox

c) den Prinzen von Liechtenstein

13. Was macht er im vierten Stock?

a) Er wohnt dort.

b) Er repariert etwas.

c) Er dreht einen Wasserhahn auf.

14. Warum kommt er nie zum Essen?

a) Er hat keinen Hunger.

b) Er hat Angst vor dem Virus.

c) Er hat genug Vorräte.

4. Die Talwanderung

~

Die letzten paar Jahre meines Lebens bin ich sehr viel **gereist**. Die Welt stand **weit offen** und ich war immer **unterwegs**, immer **auf der Suche nach** neuen Orten, neuen **Erlebnis**sen, neuem Leben.

Jetzt sind überall Grenzen geschlossen. Flughäfen stehen still. Eine **unsichtbare Bedrohung hält** die Menschheit **in Atem**. Und meine Welt ist plötzlich sehr klein.

Wenn ich nicht Manni mit seinem Motorrad helfe, oder gegen Legionellen kämpfe, gehe ich viel spazieren. Aber nach ein paar Tagen war selbst der große Schlossgarten sehr klein. Also **wanderte** ich **neulich** ins Tal. In knapp 45 Minuten war ich in Vaduz, der **Hauptstadt** von Liechtenstein.

Die Straßen waren gespenstisch leer. Alle Restaurants, Cafés, Museen und Geschäfte hatten geschlossen. Ich spazierte über die **Fußgängerzone** in der Innenstadt. Auch hier herrschte **Totenstille**. Ich setzte mich auf eine **Bank** und **fütterte** ein paar **Tauben** mit einem **Stück Brot**, das ich in meiner **Jackentasche** gefunden hatte. Da sah ich eine ältere Dame mit einem **Dackel**. Sie trug eine blaue **Chirurgenmaske** und **starrte mich an**. Der Dackel **kläffte**. Sie sagte irgendetwas. Ich weiß nicht, ob es die Maske oder ihr Dialekt war, aber ich verstand kein Wort.

Der Rückweg **dauerte** viel länger, da ich **bergauf** gehen musste. Außerdem war es ziemlich heiß für **März**. Die **Mittagssonne** stand **brutzelnd** über dem

Tal. Ich hatte vergessen, Wasser **mitzunehmen**. Hoch über mir **kreiste** ein **Raubvogel**. Ich wischte den **Schweiß** von meiner Stirn. Mein Mund war **trocken** wie **Pappe**.

Als ich endlich das Eingangstor des Schlosses **erreicht** hatte, war es früher Nachmittag. Ich ging in den Garten, nahm einen **Wasserschlauch** und drehte den Wasserhahn auf. Noch nie hatte **Leitungswasser** so gut **geschmeckt**.

Da hörte ich ein **Geräusch** aus der Garage. Ich **drehte** das Wasser **ab, kam näher** und sah Manni mit **ölverschmierte**n Händen neben seinem Motorrad **knien**. Es war eine Harley-Davidson aus den 70er Jahren, ein **Erbstück** seines Vaters.

„Gib mal den vierer *Inbus*, bitte", sagte er zu mir, ohne sich von dem Motorrad **abzuwenden**.

Ich schaute auf die Wand mit den **Sechskantschlüsseln**, fand die Nummer vier und gab Manni das Werkzeug.

„Danke", **murmelte** er.

„Moment", sagte ich. „Das war korrekt?"

„Mmh", brummte er. Ich lächelte und setzte mich auf einen kleinen **Hocker.**

„Was ist eigentlich das Problem mit dem Motorrad?", fragte ich.

„Keins", sagte er. „Wieso?"

„Aber warum arbeitest du dann jeden Tag **daran**?", fragte ich.

Manfred lachte und stand auf. Er ging zu einem kleinen Kühlschrank, nahm zwei Flaschen Prinzenbräu, öffnete sie mit dem Sechskantschlüssel und gab mir eine Flasche.

„Ein Motorrad ist wie ein guter Freund", sagte er. „Du kannst nicht einfach nur **nehmen**, sondern musst auch **geben**."

„Aha?", sagte ich und trank einen Schluck **kühles** Bier.

„Wo warst du eigentlich den ganzen Tag?", fragte Manni nach einer Pause. „Ich **hätte** deine Hilfe **gebrauchen können**."

„In Vaduz", sagte ich. „Wieso?"

„Ich habe heute eine SMS von unserem YouTuber

bekommen", sagte er und zeigte mir sein Handy.

„**WLAN** kaputt", las ich. „Das ist alles?" Manni nickte. „Woher hat er deine Nummer?", fragte ich.

„Keine Ahnung", sagte der ehemalige Mönch und trank einen Schluck Bier. „Von der Schlossverwaltung?"

„Und was hast du gemacht?", fragte ich.

„Ich habe die **Telefongesellschaft** angerufen", sagte er. „Aber der **Kundendienst** ist wie ein **Labyrinth**. Nach einer **Viertelstunde** habe ich aufgelegt."

„**Und weiter?**", fragte ich.

„Nichts weiter", sagte Manni. „Aber ich habe **seitdem** nichts mehr von dem Jungen gehört. Wahrscheinlich funktioniert es jetzt wieder. **Man könnte fast meinen**, die jungen Leute wissen nicht, ohne Internet zu **existieren**."

„Hattet ihr kein Internet im Kloster?", fragte ich.

Er lachte und trank einen Schluck Bier. „Ich war Mönch von 1976 bis 1991. **Damals** ist die gesamte Menschheit ziemlich gut **ohne** Internet **ausgekommen**."

„Du hast recht", sagte ich. „Früher hatte ich oft **Langeweile**. Heute gibt es immer irgendeine neue App oder ein neues Video. Das Internet hat die Langeweile fast komplett **abgeschafft**. Ich weiß nicht, ob das **gut oder schlecht** ist ..."

„Für die großen **Konzerne** ist das sicherlich gut", sagte Manni und lachte.

„Na ja", sagte ich. „Es hat auch viele **Vorteile**. Mein Bruder zum Beispiel kann momentan nicht zur Arbeit gehen, also arbeitet er von zu Hause auf seinem Laptop."

„Du hast gesagt, er ist in New York, nicht wahr?", sagte Manni.

Ich seufzte und sagte: „Ich habe gestern mit ihm gesprochen. Die Situation dort ist ziemlich schlimm. Die ganze Stadt steht unter **Hausarrest**. Viele Menschen haben sich **infiziert**."

„Aber deinem Bruder geht es gut?", fragte er.

„Ich glaube ja", sagte ich. „Er arbeitet für eine Bank. Und jetzt **macht** er **Homeoffice**. Aber es ist anscheinend nicht so **leicht**, weil er eine kleine

Tochter hat. Normalerweise ist sie jeden Tag in der **Kindertagesstätte**, aber jetzt ist alles geschlossen. Und seine Frau ist auch den ganzen Tag zu Hause. Er sagt, sein Leben **besteht** nur noch **aus Videokonferenzen** und **schmutzigen Windeln**."

„Verstehe", sagte Manni. „In solchen Situationen hilft nur eins –"

„Eine solide Routine?", sagte ich und lächelte.

„Du glaubst mir immer noch nicht, oder?", sagte der Ex-Mönch und leerte seine Bierflasche.

„Na ja", sagte ich. „Ist nicht jeder Tag irgendwie anders? Ich meine, wie kann man das kontrollieren?"

„In der Tat!", rief er. „Unser Leben ist in ständiger Balance zwischen **Ordnung** und **Unordnung**. Das **letztere** kommt von selbst, aber das **erstere** hängt von uns ab, zumindest **teilweise**."

„Teilweise?", sagte ich und hob die **Augenbrauen**.

„Wir können zwar frei handeln, aber das **Resultat** liegt nicht in unserer Hand", sagte Manfred. „Das ist die Wurzel menschlichen **Leidens**."

„Wie meinst du?", sagte ich.

Manfred **gestikulierte** mit der leeren Bierflasche und sprach: „Du kannst wandern gehen, aber du kannst das Wetter nicht kontrollieren, richtig?"

Ich nickte. Er fuhr fort: „Du kannst dich **um einen Job bewerben**, aber du kannst nicht kontrollieren, ob du den Job auch bekommst, oder?"

„Korrekt", sagte ich. Manfred sprach weiter: „Du kannst mit dem Bus fahren, aber du kannst nicht kontrollieren, ob er Verspätung hat. Du kannst jemanden lieben, aber du kannst nicht kontrollieren, ob man deine Liebe **erwidert**. Du kannst Pläne für dein Leben machen, aber du kannst nicht kontrollieren, wie lange du lebst."

„Und ich kann nach Liechtenstein reisen", sagte ich. „Aber ich kann nicht kontrollieren, dass jetzt die Grenzen geschlossen sind?"

„Bingo!", rief Manfred und warf die Bierflasche in einen **Mülleimer.**

~

die Talwanderung: hike down the valley | **gereist**: traveled | **weit offen**: wide open | **unterwegs**: on the road | **auf der Suche nach**: in search of | **das Erlebnis**: experience | **unsichtbar**: invisible | **die Bedrohung**: threat | **hält in Atem**: keeps in suspense | **wanderte**: hiked | **neulich**: recently | **die Hauptstadt**: capital | **die Fußgängerzone**: pedestrian zone | **die Totenstille**: dead silence | **die Bank**: bench | **fütterte**: fed | **die Taube**: pigeon | **das Stück**: piece | **das Brot**: bread | **die Jackentasche**: jacket pocket | **der Dackel**: dachshund | **die Chirurgenmaske**: surgical mask | **starrte mich an**: stared at me | **kläffte**: yelped | **dauerte**: lasted | **bergauf**: uphill | **März**: March | **die Mittagssonne**: midday sun | **brutzelnd**: sizzling | **mitzunehmen**: to take along | **kreiste**: circled | **der Raubvogel**: bird of prey | **der Schweiß**: sweat | **trocken**: dry | **die Pappe**: cardboard | **erreicht**: reached | **der Wasserschlauch**: water hose | **das Leitungswasser**: tap water | **geschmeckt**: tasted | **das Geräusch**: sound | **drehte ab**: turned off | **kam näher**: came nearer | **ölverschmiert**: daubed with oil | **knien**: kneel | **das Erbstück**: heirloom | **(ohne sich von ...) abzuwenden**: (without) turning away (from ...) | **der Sechskantschlüssel**: hexagon wrench | **murmelte**: murmured | **der Hocker**: stool | **daran (arbeiten)**: (work) on it | **nehmen**: take | **geben**: give | **kühl**: cool | **(ich) hätte gebrauchen können**: (I) could have used | **das WLAN**: WiFi | **die Telefongesellschaft**: telephone company | **der Kundendienst**: customer service | **das Labyrinth**: labyrinth | **die**

68

Viertelstunde: quarter-hour | **Und weiter?**: And then? | **seitdem**: since then | **Man könnte fast meinen ...**: One could almost think ... | **existieren**: exist | **damals**: back then | **ohne ...** **ausgekommen**: got by without ... | **die Langeweile**: boredom | **abgeschafft**: abolished | **gut oder schlecht**: good or bad | **der Konzern**: corporation | **der Vorteil**: advantage | **der Hausarrest**: house arrest | **(haben sich) infiziert**: (got) infected | **macht Homeoffice**: works from home | **leicht**: easy | **die Tochter**: daughter | **die Kindertagesstätte**: day care center | **besteht aus**: consists of | **die Videokonferenz**: video conference | **schmutzig**: dirty | **die Windel**: diaper | **die Ordnung**: order | **die Unordnung**: chaos | **letztere**: latter | **erstere**: former | **teilweise**: partially | **die Augenbraue**: brow | **zwar**: indeed | **da Resultat**: result | **das Leiden**: suffering | **gestikulierte**: gesticulated | **um einen Job bewerben**: to apply for a job | **erwidert**: reciprocates | **der Mülleimer**: trash can

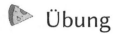 Übung

1. Wie lange dauert der Weg ins Tal?

a) knapp fünfzehn Minuten

b) knapp vierundfünfzig Minuten

c) knapp fünfundvierzig Minuten

2. Was hat *nicht* geschlossen?

a) Supermärkte

b) Restaurants

c) Museen

3. Was macht Dino in der Stadt?

a) Er füttert Katzen.

b) Er geht in den Supermarkt.

c) Er füttert Tauben.

4. Warum dauert der Rückweg viel länger?

a) weil Dino bergauf gehen muss

b) weil Dino müde ist

c) weil Dino nicht den Weg findet

5. Wie ist das Wetter?

a) Es ist ziemlich kalt.

b) Es regnet.

c) Es ist ziemlich heiß.

6. Wo findet Dino Manni?

a) im Schlossgarten

b) in der Garage

c) in der Küche

7. Das Motorrad ist ein Erbstück von Mannis ...

a) Großvater

b) Onkel

c) Vater

8. Ist das Motorrad kaputt?

a) ja

b) nein

9. Laut Manni ist ein Motorrad ...

a) wie ein guter Freund

b) wie eine Taube

c) wie ein alter Freund

10. Dino und Manni trinken ...

a) Cola

b) Kaffee

c) Bier

11. Von wem hat Manni eine SMS bekommen?

a) von Lucar

b) von seinem Vater

c) von Alfredo

12. Warum hat Manni die Telefongesellschaft angerufen?

a) weil das Motorrad kaputt ist

b) weil das Telefon kaputt ist

c) weil das WLAN kaputt ist

13. In welchem Jahr hat Manni das Kloster verlassen?

a) neunzehnhundertzweiundneunzig

b) neunzehnhundertsiebenundsechzig

c) neunzehnhunderteinundneunzig

14. Früher hatte Dino oft Langeweile. Heute hat er ... Langeweile.

a) fast nie

b) nie

c) fast immer

15. Dinos Bruder in New York arbeitet momentan ...

a) in einem Büro

b) in einem Café

c) von zu Hause

16. Wo sind seine Frau und die Tochter?

a) auch zu Hause

b) im Büro und in der Kindertagesstätte

c) in einem Krankenhaus

17. Alfredo sagt, sein Leben besteht nur noch aus ...

a) Videokonferenzen und Workshops

b) Kochen und Putzen

c) Videokonferenzen und Windeln

18. Manni sagt, wir können zwar frei handeln, ...

a) aber viele Menschen wissen es nicht

b) aber das Leben ist Leiden

c) aber das Resultat liegt nicht in unserer Hand

5. Frühstück

~

Am nächsten Morgen **erwachte** ich durch ein seltsames Geräusch. Ich hatte wieder bis spät in die Nacht YouTube-Videos geschaut: Musikvideos aus den 90er Jahren, Interviews mit Bruce Willis und alte Cartoons.

Auch das neueste Video von Lucar Maddox hatte ich gesehen. Es war ein bisschen **traurig**. Er saß dort mit dunklen **Augenring**en vor der Kamera, **unfri-siert** in seinem Bademantel und **faselte** irgendetwas **davon,** dass **eine geheime Weltregierung** Mikro-chips in unserem **Handgelenk** installieren will, um unsere **Gedanken** und **Gefühle** via **Mobilfunk** zu kontrollieren. Auch in den **Kommentar**en **machten sich** anscheinend ein paar Leute **Sorgen** um den Jungen. „Wann warst du das letzte Mal an der frischen Luft, Lucar?", fragte einer. Aber es waren auch erstaunlich viele Kommentare dabei, die ihn **ermutigten.** „Endlich sagt es mal jemand!", schrieb einer. **„Wacht auf!",** schrieb ein anderer. Und: **„Widerstand** jetzt!"

Mein Kopf **brummte.** Ich drehte mich auf die Seite. Und da hörte ich wieder das Geräusch: ein lautes **Knistern**; es kam aus **Richtung** des Fensters. Ich blinzelte und etwas **blendete** mich. Eine Alumi-niumfolie **flatterte** vor der **Fensterscheibe**, eine Chipstüte, um genau zu sein. Ich sah den roten Schriftzug, den Aufdruck einer **Holzschüssel** mit goldbraunen Chips und einen spitzen grauen ...

Schnabel?

Ich setzte mich aufrecht in meinem Bett und rieb meine Augen. **Tatsächlich**! Das war der Schnabel eines Vogels! Er hatte ein Loch in die Tüte **gerissen** und nun hing die Aluminiumfolie vor seinem Gesicht wie eine **ungewollte** Maske. Er schüttelte die Tüte mit **kräftigen Kopfbewegung**en **hin und her, als wollte er** sie **totschütteln**.

Ich stand auf und **näherte** mich dem Fenster. Nun sah ich das braune **Gefieder** des Tiers. Ich **pfiff leise**. Da **erstarrten** die Bewegungen. Einen **Atemzug** später sah ich eine **Kralle aufblitzen**. Die Chipstüte **klatschte** auf mein Fenstersims, und zwei gelbe Augen starrten direkt in meine. Ich schluckte.

Das Tier war **mindestens** eineinhalb Meter groß. Sein Schnabel war so groß wie eine **Beißzange**. Er drückte die Chipstüte mit seinen scharfen Krallen auf das Fenstersims. Es gab einen **Knall** und die Tüte öffnete sich.

Während **sich** der Vogel **auf** die Kartoffelchips **stürzte**, **griff** ich mit einer Hand nach meinem

Handy. Ich begann den Vogel zu filmen, aber der **Fenstergriff blockierte** die **Sicht. Vorsichtig,** sehr vorsichtig näherte ich meine Hand dem Fenstergriff und **drehte** ihn **quietschend nach rechts.** Der Vogel **hielt** kurz in seiner **Schlemmerei inne,** aber dann fraß er weiter die Chips. Mit einer Hand hielt ich das Handy, mit der anderen öffnete ich vorsichtig eine Seite des Fensters. Was für ein **majestätischer Anblick!** Das braune Gefieder **schimmerte** in der **Morgensonne,** dahinter die **Umrisse** der Alpen. War dies ein **Adler,** der **König** der Lüfte?

Da klingelte mein Handy. Der Raubvogel **schreckte auf** und **ließ von** der Chipstüte **ab.** Er sprang von dem Fenstersims, öffnete **mit einem Schlag** seine **gewaltigen Flügel** und **stieg steil** nach oben. Ich filmte seinen **rasanten Aufstieg** vor blauem Himmel. Mein Telefon klingelte weiter. Da sah ich plötzlich eine weiße Linie am Himmel, direkt hinter dem Vogel. Ich **blinzelte** mit den Augen und eine **klebrige** weiße Flüssigkeit landete mit einem **Klatsch** auf der Chipstüte und **spritzte** auf das Fenstersims, die Fensterscheibe, mein Handy und meinen rechten Arm. Vogeldreck!

Ich **nahm** den **Anruf an**. Es war Elisabeth. „Ähm", sagte ich und **roch an** dem Handy. Es **stank ungeheuerlich**. „Kann ich dich **zurückrufen?**" Elisabeth lachte am anderen Ende. „Du **klingst komisch**. Was ist passiert?", rief sie. „Ich erkläre es dir später, okay?", sagte ich und legte auf.

Ein **beißend**er Gestank füllte das kleine Zimmer. Ich hielt meinen rechten Arm so weit wie möglich von meinem Körper und ging langsam zur Tür. Auf dem Weg zum Waschsaal **begegnete** ich Manfred. Er stand im Flur und wischte mit einem **Staubwedel** über ein altes **Ölgemälde**.

„Guten Morgen", sagte er und lächelte. „Du bist früh heute." Dann runzelte er die Stirn und schaute auf meinen Arm. „Alles in Ordnung, Dino?"

„Morgen, ja, gut", sagte ich kurz und verschwand schnell im Waschsaal. Ich drehte das heiße Wasser auf und rieb mit einem Stück **Seife** über meinen Arm, bis er rot war wie ein **Hummer**. Dann nahm ich ein Handtuch und putzte mein Handy. Als ich eine Viertelstunde später aus dem Waschsaal trat, sah ich Manni auf dem Boden knien. Vor ihm lag ein weißer **Staubsaugerroboter umgekehrt** auf dem Teppich.

„Weißt du, wie diese Dinger funktionieren?", fragte er mich und zeigte auf den Roboter.

„Nein", sagte ich und schüttelte den Kopf. „Keine Ahnung."

„Laut der Schlossverwaltung hat jedes Stockwerk so einen Roboter", sagte Manni. „Sie folgen einem strikten Zeitplan und machen ihre Arbeit angeblich automatisch. Aber dieser hier bewegt sich irgendwie nicht."

Ich drehte den Roboter um, drückte einen Knopf, aber nichts passierte. „Mmh", sagte ich und drückte den Knopf abermals.

„Verdammte Technik", sagte ich und gab dem Roboter einen **Tritt**. Er **krachte** gegen eine Wand. „Na toll", sagte Manfred. „Jetzt hast du ihn kaputt gemacht." Doch da hörten wir ein **Piepen**, das

Surren von Motoren und der Roboter begann über den Teppich zu **kriechen**.

„Gute Arbeit", sagte Manni und lachte.

„Apropos Arbeit", sagte ich nach einer Pause. „Wieso müssen wir eigentlich alles hier alleine machen?"

„Die **Putzkräfte** kommen normalerweise aus einem **Dorf** in der Schweiz", sagte Manni. „Aber du weißt doch – die Grenzen sind geschlossen."

„Ja, aber was ist mit Lucar?", fragte ich und beobachtete den Putzroboter. „Warum hilft er uns nicht?"

„Ganz einfach", sagte Manni. „Ich habe heute mit der Schlossverwaltung gesprochen und eine Dame am Telefon hat mir gesagt, dass dieser Lucar anscheinend mit dem Liechtensteiner **Fürstenhaus** zusammenhängt."

„Du meinst, er ist mit dem Prinzen verwandt?", fragte ich.

„Nicht direkt", sagte Manni. „Aber sein Vater spielt **wohl** im selben Poloklub."

„Und deshalb macht er **hirnrissige** Videos

während wir hier kochen, putzen und gegen Legionellen kämpfen?", fragte ich.

Manfred zuckte mit den Achseln. Der Putzroboter piepte und fuhr **um eine Ecke**.

~

erwachte: awoke | **traurig**: sad | **der Augenring**: circle under the eye | **unfrisiert**: uncombed | **faselte**: babbled | **davon**: about | **geheim**: secret | **die Weltregierung**: world government | **das Handgelenk**: wrist | **der Gedanke**: thought | **das Gefühl**: feeling | **der Mobilfunk**: mobile radio | **der Kommentar**: comment | **machte sich Sorgen**: worried | **ermutigte**: encouraged | **Wacht auf!**: Wake up! | **der Widerstand**: resistance | **brummte**: buzzed | **das Knistern**: crackle | **die Richtung**: direction | **blendete**: blinded | **flatterte**: fluttered | **die Fensterscheibe**: windowpane | **die Holzschüssel**: wooden bowl | **der Schnabel**: beak | **tatsächlich**: as a matter of fact | **gerissen**: ripped/torn | **ungewollt**: unwanted | **kräftig**: strong | **die Kopfbewegung**: head movement | **hin und her**: back and forth | **als wollte er**: as if he wanted | **totschütteln**: shake to death | **näherte** : approached | **das Gefieder**: plumage | **pfiff**: whistled | **leise**: quietly | **erstarrte**: froze | **der Atemzug**: breath | **die Kralle**: claw | **aufblitzen**: flash | **klatschte**: smacked | **mindestens**: at least | **die Beißzange**: pincers | **der Knall**: bang | **stürzte sich auf**: lunged at | **griff**: grabbed | **der Fenstergriff**: window handle | **blockierte**: blocked | **die Sicht**: sight | **vorsichtig**: carefully | **drehte**: turned [rotated] | **nach rechts**: to the right | **quietschend**: squeakingly | **hielt inne**: paused | **die Schlemmerei**: feasting | **majestätisch**: majestic | **der Anblick**: sight | **schimmerte**: shimmered | **die Morgensonne**: morning sun | **die Umrisse**: outlines | **der Adler**: eagle | **der König**: king | **schreckte auf**: was startled |

ließ von ... ab: abandoned ... | **mit einem Schlag**: at one blow | **gewaltig**: enormous | **die Flügel**: wings | **stieg**: ascended | **steil**: steeply | **rasant**: fast-paced | **der Aufstieg**: ascent | **blinzelte**: blinked | **klebrig**: sticky | **der Klatsch**: splat | **spritzte**: splashed | **nahm den Anruf an**: accepted the call | **roch an**: smelled at | **stank**: stank | **ungeheuerlich**: outrageously | **zurückrufen**: call back | **(du) klingst komisch**: (you) sound strange | **beißend**: acrid | **begegnete**: met | **der Staubwedel**: feather duster | **das Ölgemälde**: oil painting | **die Seife**: soap | **der Hummer**: lobster | **der Staubsaugerroboter**: vacuum cleaner robot | **umgekehrt**: upside down | **der Tritt**: kick | **krachte**: smashed | **das Piepen**: bleeping | **das Surren**: whirring | **kriechen**: crawl | **die Putzkräfte**: cleaning staff | **das Dorf**: village | **das Fürstenhaus**: royal house [dynasty] | **wohl**: probably | **hirnrissig**: nutty [crazy] | **um eine Ecke**: round a corner

Übung

1. Was hat Dino die ganze Nacht gemacht?

a) geputzt

b) gekocht

c) Videos geschaut

2. In Lucars neuestem Video ...

a) hat er dunkle Augenringe

b) hat er eine neue Frisur

c) trägt er kein T-Shirt

3. Er erzählt dort über ...

a) Meditationspraxis

b) Lebensstrategien

c) Verschwörungstheorien

4. Was hört Dino aus Richtung des Fensters?

a) ein Knistern

b) ein Klatschen

c) ein Krachen

5. Er sieht eine Chipstüte und ... eines Vogels.

a) das Gefieder

b) die Krallen

c) den Schnabel

6. Wie groß ist das Tier?

a) mindestens 1,5 Meter

b) mindestens 2,5 Meter

c) maximal 1,5 Meter

7. Dino glaubt, der Vogel ist ...

a) ein Adler

b) ein Bussard

c) ein Falke

8. Was macht Dino mit seinem Handy?

a) Er schaut ein Video.

b) Er ruft Manni an.

c) Er filmt den Vogel.

9. Warum schreckt der Vogel auf?

a) Dinos Handy klingelt.

b) Dino redet zu laut.

c) Manni öffnet die Tür.

10. Was landet auf Dinos Arm und seinem Handy?

a) Kartoffelchips

b) eine Tüte

c) Vogeldreck

11. Manni wischt ... über ein Ölgemälde.

a) mit einem alten Lappen

b) mit einem Staubwedel

c) mit einem nassen Tuch

12. Was macht Dino im Waschsaal?

a) Er duscht.

b) Er putzt sich die Zähne.

c) Er wäscht seinen Arm.

13. Was ist das Problem mit dem Staubsaugerroboter?

a) Er bewegt sich nicht.

b) Er saugt nicht.

c) Er macht Lärm.

14. Dino gibt dem Roboter ...

a) das WLAN-Passwort

b) eine neue Batterie

c) einen Tritt

15. Funktioniert er jetzt wieder?

a) ja

b) nein

16. Woher kommen die Putzkräfte normalerweise?

a) aus einem Dorf in Österreich

b) aus Vaduz

c) aus einem Dorf in der Schweiz

17. Warum hilft Lucar nicht beim Putzen?

a) Er hat Verbindungen zum Fürstenhaus.

b) Er hat eine Allergie gegen Staub.

c) Er hat keine Zeit

18. Lucars Vater spielt im selben ... wie der Prinz.

a) Fußballklub

b) Tennisklub

c) Poloklub

6. In der Küche

~

Laut Manni hat das Haus Liechtenstein seinen **Ursprung** in Österreich. Es ist eine alte **Adelsfamilie** aus dem **Mittelalter**. Diese Familie hat irgendwann dieses 160 km² große Land zwischen Österreich und der Schweiz gekauft und ihren eigenen **Staat gegründet**. Und noch heute ist ein Sohn dieser Familie hier **Staatsoberhaupt**.

„Was macht dieser Prinz eigentlich den ganzen Tag?", fragte ich, während ich eine Kartoffel **schälte**.

„**Dasselbe wie** andere Staatsoberhäupter", sagte Manni und **schnitt** eine Zwiebel. „**Nur, dass** sein Land viel kleiner ist."

„Ist er nicht nur ein Symbol, wie die Königin in England?", fragte ich.

„Es ist kompliziert", sagte Manfred. „Wir haben hier ein Parlament, und der Prinz ist offiziell ein **Diener** des Staates. Aber er hat **Vetorecht** über alle **Entscheidung**en und kann **jederzeit** die **Regierung entlassen**. Mit anderen Worten, er hat ziemlich viel **Macht**."

„Hast du den Prinzen schon einmal gesehen?", fragte ich. „Also, **in echt**, nicht nur im Fernsehen?"

„Natürlich", sagte Manni und gab ein Stück Butter in eine **Pfanne**. „Man kann ihn jedes Jahr beim **Staatsfeiertag** in seinem Schloss **besuchen**. Das ist eine große Party. Es gibt für alle zu essen, zu trinken und ein großes **Feuerwerk**. Aber ich bin dem **Erbprinz**en auch schon **mehrmals** im Supermarkt begegnet."

„Ein Prinz im Supermarkt?", sagte ich und warf die **geschält**e Kartoffel in eine **Schale**. „**Verrückt**es Land."

„Weißt du was **noch** verrückter ist?", fragte Manni. „Seit 2014 wurden in Liechtenstein keine Babys mehr **geboren**. Wir haben hier eine Null-**Geburtenrate**, wie im Vatikan!"

„Wieso?", sagte ich und nahm eine zweite Kartoffel. „Weil es nicht genug Mütter gibt?"

„Nein", sagte Manfred und gab die Zwiebeln in die Pfanne. „Es ist viel einfacher. Es gibt keine einzige **Geburtenabteilung** mehr in den **Krankenhäuser**n. Alle Mütter müssen für die Geburt ins **Ausland** reisen, also in die Schweiz oder nach Österreich."

„Und was machen sie jetzt, wo die Grenzen geschlossen sind?", fragte ich.

„Gute Frage", sagte Manni. „**Ich nehme an**, sie machen das jetzt wieder zu Hause, **wie früher**."

Zum Mittagessen gab es **Kartoffelsalat** und **Käsknöpfle**, eine liechtensteinische Spezialität, die mich sehr an die Käsespätzle aus Stuttgart **erinner-ten. Dazu** tranken wir einen Vaduzer Rotwein. **Mittlerweile** aßen wir die meisten **Mahlzeit**en einfach in der Küche, weil der **Weg** zum Speisesaal zu lang war.

„Du, Manni, ich mache mir Sorgen um unseren Mitbewohner", sagte ich und **spießte** ein paar Kartoffeln mit der **Gabel auf.**

„Um Lucar?", sagte Manni. „Wieso?"

„Hast du sein letztes Video gesehen?", fragte ich und trank einen Schluck Rotwein. Manfred schüttelte den Kopf. Ich zeigte ihm mein Handy. Während das Video lief, **schaufelte** Manfred Käsknöpfle in sich hinein.

„Und?", sagte ich, als es zu Ende war. „Was denkst du?"

Der Ex-Mönch **kaute, füllte währenddessen** sein Weinglas neu **auf** und sagte dann: „**Es wundert mich** ehrlich gesagt **nicht.**"

„Wieso?", sagte ich. „Wegen seiner ... Routine?"

Manfred lachte. Dann wurde er **ernst** und sagte: „Dino, wie lange sind wir jetzt schon hier in diesem

Schloss?"

Ich **überlegte** kurz und sagte: „Morgen sind es sechzehn Tage."

„Glaubst du, es ist gesund, sechzehn Tage nur in deinem Zimmer vor dem Computer zu sitzen?", sagte er.

„Ich weiß nicht", sagte ich. „Überall in den **Nachrichten** sagen sie, wir sollen zu Hause bleiben, damit wir uns nicht **anstecken**! Und außerdem, vielleicht hat er in seinem Zimmer ein **Laufband** oder so etwas."

„Vielleicht", sagte Manfred und schaute an die **Decke**. „Ich kenne den Jungen nicht sehr gut. Als mein Boss gesagt hat, dass ich für diesen Workshop kochen soll, habe ich meine **Sachen** gepackt und bin ins Schloss gefahren, ohne zu wissen, wer Lucar Maddox ist. Ich glaube, du bist viel mehr mit seinen ... ‚Lehren' **vertraut** als ich. Aber **meiner bescheidenen Meinung nach** ist er einfach ein kleiner **Scharlatan**."

„Aber er hat 3 Millionen **Abonnent**en auf

YouTube!", sagte ich.

„Das ist Teil des Problems", sagte Manni und lächelte.

„Wie meinst du?", sagte ich.

„**Berühmtheit** ist ein **gefährliches Gift**", sagte er. „Zuerst sendest du aus deinem Schlafzimmer leere **Plattitüde**n als ‚Weg zum **Erfolg**' und ‚spiritueller **Erleuchtung**', aber dann wollen die Leute mehr. Also gibst du Seminare, Intensivtrainings, Workshops, etc. Jeden Tag sitzt du dort auf dieser Bühne, die Leute bringen ihre **intim**sten Probleme zu dir: **Bankrott**, **Scheidung**, **Tod**, **Zwangsneurose**n, etc. – und du hast eigentlich keine Kompetenz, ihnen zu helfen, denn du bist nur ein **Grünschnabel**, der **in der Gunst von** Algorithmen **steht**. Aber **egal**, denn du lächelst einfach, präsentierst ein paar **Floskel**n und **kompliziert klingende Begriff**e, und wenn es keinen **Sinn macht**, glauben die Leute, du bist einfach auf einem anderen Level."

„Schön und gut", sagte ich. „Aber wie kommt er von Jetskis und Meditationskursen zu diesen abstrusen **Behauptung**en?"

„Der Weg ist **kürzer als du denkst**", sagte Manfred und leerte sein Glas Wein. „Im Prinzip **basiert** das alles **auf** leeren **Versprechung**en."

„Versprechungen?", sagte ich.

„Ja", sagte Manni. „Egal ob Erleuchtung oder finanzieller Erfolg, du musst in deinen **Anhängern** nur das Gefühl **nähren**, dass sie das alles **erreichen** können, dass es in naher Zukunft liegt – nur eine Frage der Zeit, **zum Greifen nahe**! Aber **tatsächlich** erreichen sie es nie. Und in der Zwischenzeit verkaufst du **fleißig** Tickets zu deinen Seminaren."

„Und was ist mit den Verschwörungstheorien?", fragte ich.

„Verschwörungsglaube ist eigentlich ein besseres Wort. Es ist wie Fundamentalismus. Du *glaubst*, dass du als einziger die Wahrheit **erkannt** hast, dass alle anderen Menschen in **Unwissenheit** leben ..."

„Und wenn sie dir zuhören, können sie ebenfalls die Wahrheit **erlangen**?", sagte ich.

„**Haargenau**", sagte Manni und lehnte sich

zurück. „Das Problem ist nur, dass es da nichts zu erlangen gibt. Denn es ist alles **Schall und Rauch**."

~

der **Ursprung**: origin | die **Adelsfamilie**: aristocratic family |
das **Mittelalter**: Middle Ages | der **Staat**: state | **gegründet**:
founded | das **Staatsoberhaupt**: head of state | **schälte**: peeled |
dasselbe wie: the same as | **schnitt**: cut | **nur, dass** ...: only
that ... | der **Diener**: servant | das **Vetorecht**: right of veto | die
Entscheidung: decision | **jederzeit**: anytime | die **Regierung**:
government | **entlassen**: dismiss | die **Macht**: power | **in echt**:
in real life | die **Pfanne**: pan | der **Staatsfeiertag**: national
holiday | **besuchen**: visit | das **Feuerwerk**: fireworks | der
Erbprinz: hereditary prince | **mehrmals**: several times | **(ich**
bin ...) begegnet: (I have) met ... | **geschält**: peeled | die
Schale: bowl | **verrückt**: crazy | **noch**: still | **geboren**: born |
die **Geburtenrate**: birth rate | die **Geburtenabteilung**:
maternity ward | die **Krankenhäuser**: hospitals | **(ins)**
Ausland (reisen): (to travel) abroad | **ich nehme an**: I suppose
| **wie früher**: as we used to do | der **Kartoffelsalat**: potato
salad | die **Käsknöpfle**: cheese noodles | **erinnerte (mich an)**:
reminded (me of) | **dazu**: with it | **mittlerweile**: by now | die
Mahlzeit: meal | der **Weg**: way | **spießte auf**: impaled | die
Gabel: fork | **schaufelte (in sich hinein)**: shoveled (into
himself) | **kaute**: chewed | **füllte auf**: filled up |
währenddessen: in the meantime | **es wundert mich nicht**: it
doesn't surprise me | **ernst**: seriously | **überlegte**: considered |
die **Nachrichten**: news | **anstecken**: infect | das **Laufband**:
treadmill | die **Decke**: ceiling | die **Sachen**: things | die **Lehre**:
teaching | **(mit etw.) vertraut**: familiar (with sth.) | **meiner**

bescheidenen Meinung nach: in my humble opinion | **der Scharlatan**: charlatan | **der Abonnent**: subscriber | **die Berühmtheit**: celebrity | **gefährlich**: dangerous | **das Gift**: poison | **die Plattitüde**: platitude | **der Erfolg**: success | **die Erleuchtung**: enlightenment | **intim**: intimate | **der Bankrott**: bankruptcy | **die Scheidung**: divorce | **der Tod**: death | **die Zwangsneurose**: obsessive-compulsive disorder | **der Grünschnabel**: greenhorn | **steht in der Gunst von**: is in favor with | **egal**: no matter | **die Floskel**: truism | **kompliziert klingend**: complicated-sounding | **der Begriff**: term | **(es) macht Sinn**: (it) makes sense | **die Behauptung**: claim | **kürzer als du denkst**: shorter than you think | **(es) basiert auf ...**: (it's) based on ... | **die Versprechung**: promise | **der Anhänger**: devotee | **nähren**: nourish | **erreichen**: reach | **zum Greifen nahe**: within one's reach | **tatsächlich**: actually | **fleißig**: diligent | **erkannt**: recognized | **die Unwissenheit**: ignorance | **erlangen**: obtain | **haargenau**: precisely | **Schall und Rauch**: smoke and mirrors

 # Übung

1. Wo hat das Haus Liechtenstein seinen Ursprung?

a) in Deutschland

b) in Österreich

c) in der Schweiz

2. Wie viele Quadratkilometer hat Liechtenstein?

a) hundertsechzig

b) hundertsechzehn

c) sechzighundert

3. Der Prinz von Liechtenstein ist ...

a) nur ein Symbol

b) ein Diener des Staates

c) ein absoluter Monarch

4. Er hat ... über Entscheidungen im Parlament.

a) vollkommene Kontrolle

b) Vetorecht

c) keine Kontrolle

5. Wo kann man den Prinzen jedes Jahr sehen?

a) beim Polospielen

b) beim Staatsfeiertag

c) beim Tennisspielen

6. Manni sagt, er hat den Erbprinzen schon oft … gesehen.

a) im Supermarkt

b) in der Drogerie

c) beim Polospielen

7. Warum hat Liechtenstein eine Null-Geburtenrate?

a) Die Menschen haben kein Geld für Kinder.

b) Es gibt keine Geburtenabteilung in den Krankenhäusern.

c) Liechtenstein hat politische Verbindungen zum Vatikan.

8. Was essen Dino und Manni zum Mittagessen?

a) Riebel und Käsknöpfle

b) Kartoffelchips und Käsknöpfle

c) Kartoffelsalat und Käsknöpfle

9. Warum essen sie in der Küche?

a) weil der Weg zum Speisesaal zu lang ist

b) weil sie keine Zeit haben

c) weil es nicht genug zu essen gibt

10. Dino zeigt Manni ... von Lucar.

a) das letzte Video

b) ein Selfie

c) die Webseite

11. Seit wie vielen Tagen sind Dino und Manni in dem Schloss?

a) 6

b) 16

c) 60

12. Manni denkt, Lucar ist ...

a) ein guter Lehrer

b) ein netter Junge

c) ein Scharlatan

13. Der Ex-Mönch sagt, Lucars Erfolg basiert auf ...

a) harter Arbeit

b) leeren Versprechungen

c) guten Verbindungen

14. Was ist laut Manni ein besseres Wort für „Verschwörungstheorien"?

a) Selbstinnovation

b) Verschwörungsglaube

c) Verschwörungsangst

7. Amadeus

~

Die Tage **verging**en sehr langsam in unserem Schloss. Wir putzten und kochten, drehten die Wasserhähne auf und wieder ab. Manfred **nahm** sein Motorrad **auseinander** und **setzte** es wieder **zusammen**. (Mittlerweile hatte ich meine **Zweifel**, ob es **überhaupt** funktionierte.) Es war eine ziemliche Monotonie: Frühstück, Mittagessen, Abendessen.

Duschen, spazieren, schlafen. Ein neuer Abend, ein neuer Tag.

Nur Amadeus **machte mir** große **Freude**. So hatte ich den Vogel **genannt**, der jetzt **regelmäßig** jeden Morgen vor meinem Fenster erschien. Er war besser als jeder **Wecker**. Um Punkt sieben stand er auf dem Fenstersims und klopfte mit dem Schnabel gegen die Scheibe. Ich **fütterte** ihn mit altem Käse und **Fleischreste**n aus der Küche, doch am liebsten **mochte** er Chips aus Aluminiumtüten. Wahrscheinlich war es nicht **besonders** gesund, aber dieses Tier hatte sehr spezielle **Vorliebe**n. Manchmal spielte ich auf meinem Handy Musik für ihn. Wenn er die Musik mochte, **wippte** er mit dem Kopf. Wenn er die Musik nicht mochte, wurde er **unruhig**. So **fand** ich **heraus**, dass er zwar elektronische Tanzmusik mochte, aber nur **gewisse** Genres. Zum Beispiel liebte er industriellen Techno und Deep House, aber hasste Goa und Trance.

Laut Google schien Amadeus ein **waschecht**er Adler zu sein, genauer gesagt ein **Steinadler**. In diesen verrückten Zeiten war dieser Vogel wie ein **Bollwerk** der **Vernünftigkeit**. Er hatte keine **Meinung** über das **Weltgeschehen**, keine „Theorien" und „alternativen Fakten". Er existierte einfach. Und das war mehr als genug.

Während der Virus überall auf der Welt **wütete**, Politiker **sich** wie Clowns **aufführten** und die globale Wirtschaft **den Bach runterging**, fütterte ich Amadeus mit Kartoffelchips und lernte über die Unterschiede zwischen „Future House" und „Tropical House".

„Guter Junge", sagte ich und **streichelte** über seinen Kopf. Er **vertraute mir**, und ich vertraute ihm. Bis auf Elisabeth hatte ich niemandem von Amadeus erzählt. Und es brauchte auch niemand zu wissen.

Eines Tages hatten wir plötzlich keine Chips mehr. Ich stand in der **Vorratskammer** hinter der Küche und blickte in die **Regale**. Da waren **Mehl**, Nudeln, vegane **Gummibären**, **Reis**, Kartoffeln, **Orangensaft**, **eingelegte Gurken**, **Tomatenmark** und viele **Kartons Sojamilch**, aber keine Chips!

Vielleicht würde Lucar mir etwas von seinen Vorräten geben? Ich hatte ihn schon seit Tagen nicht mehr gesehen, aber ein **Versuch konnte nicht schaden**.

Ich ging in den vierten Stock hinauf und klopfte an seine Tür. Nach einer Weile **steckte** er seinen Kopf durch den **Türspalt**. Die Augenringe waren noch dunkler als zuvor, wildes blondes Barthaar **wucherte** an seinen **Wange**n und der weiße Bademantel war jetzt grau.

„Was willst du?", flüsterte er. Seine **Pupille**n sprangen hin und her.

„Ähm, hallo Lucar", sagte ich. „Ich, ähm – kannst du mir vielleicht eine Tüte Chips **leihen**?"

Er **schmälerte** seine Augen zu kleinen **Schlitze**n und sagte dann: „Wegen der **Folie**?"

„Häh?", sagte ich. „Folie?"

„**Tu nicht so!**", sagte er und tippte mit dem Zeigefinger an seine Schläfe. „Ich weiß, was du willst."

„Äh, Chips?", sagte ich.

Der **verlotterte** YouTuber grinste konspirativ und sagte: „Es ist in Ordnung, Mann. Wir sind **Brüder** in der Wahrheit."

Dann schloss er die Tür und **ließ mich** im Flur **stehen**. Während ich gerade wieder nach unten gehen wollte, rief er: „Hey!" Ich drehte mich um und sah ihn mit einem Arm voll Chipstüten in der Tür stehen.

„Oh!", sagte ich. „Für mich? Danke."

„Hör zu! Du musst die Folie **mehrmals falten**, das ist das wichtigste", flüsterte er. „Die **Strahlung**en sind sonst zu stark, verstehst du?"

„Strahlung–?", begann ich. Aber dann nahm ich die Chipstüten, bedankte mich und ging in Richtung des Treppenhauses. Lucar verschwand in seinem Zimmer und ich hörte einen **Schlüssel**.

Die Quarantäne schien dem Jungen **nicht zu bekommen**. Vielleicht hatte Manfred recht und Lucar war einfach von Natur aus eine unruhige Seele. Aber Strahlung hin oder her, ich hatte jetzt neues Futter für meinen **gefiederte**n Freund.

Leise **pfeifend** ging ich die Treppenstufen hinunter, **schlurfte** über den alten Teppich und da sah ich, dass die Tür zu meinem Zimmer **offenstand**. Hatte ich vergessen, sie zu schließen?

Ich hörte eine Stimme und einen **gellen Schrei**, rannte die letzten paar Meter und blieb plötzlich stehen. Manfred stand auf meinem Bett mit einem **Besen** in der Hand. Amadeus saß auf der **Gardinenstange** und **kreischte** bedrohlich.

„Was zum –?", sagte ich und hob die Hände. Die Chipstüten fielen aus meinen Armen. Der Adler und der Ex-Mönch schauten mich an.

„Dino, schnell!", rief Manni. „Hilf mir!"

„Kannst du mir bitte sagen, was du hier machst?", fragte ich ihn.

„Dino, bist du blind? Da ist ein Steinadler!", rief Manfred und zeigte mit dem Besen auf den Greifvogel. „Weißt du, wie **selten** diese Tiere sind?"

„Erstens weiß ich, dass das ein Steinadler ist", sagte ich. „Und zweitens ist das nicht **irgendein** Steinadler, sondern Amadeus!"

Manfred **stutzte**. „Bitte was?", sagte er. „**Ihr kennt euch**?" Die gelben Augen des Adlers sprangen zwischen mir und Manfred hin und her.

„Selbstverständlich", sagte ich. „Er ist ein guter Junge, nicht wahr Amadeus?" Der Adler **krächzte** leise.

„Dino", sagte Manfred und gestikulierte mit dem Besen. „Das ist kein Haustier! Und außerdem, liest du nicht die Nachrichten?"

„Nein", sagte ich. „Wieso?"

Der ehemalige Mönch schüttelte den Kopf und seufzte. „Die **Falknerei** in Malbun vermisst schon seit Tagen einen Steinadler!", sagte er.

„Malbun?", sagte ich.

„Das ist ein Dorf im **Osten**", sagte Manni. „Ich kenne den **Falkner** aus meiner Schulzeit. Er ist total **aufgewühlt**. Ganz Liechtenstein sucht nach dem verdammten Tier und du sitzt hier und –" Er schaute auf mich, den Adler, die Chipstüten und fragte: „Was macht ihr hier eigentlich?"

„Och, **nichts besonderes**", sagte ich und zuckte

mit den Schultern. „Musik hören, chillen." Nach einer Pause fügte ich hinzu: „**Woher weißt du** eigentlich, dass genau *dieser* Vogel **vermisst** wird?"

„Siehst du nicht den **Metallring** an seinem Fuß?", sagte Manfred. Der Adler hatte sich mittlerweile ein bisschen **entspannt** und putzte seine **Federn**.

„Ah", sagte ich. „Ja. **Jetzt, wo du es sagst** –"

„Das ist wie ein **Personalausweis**", sagte Manni. „Jedes Tier hat eine **Identifikationsnummer**."

„Typisch", sagte ich und schüttelte den Kopf. „**Nicht einmal** der König der Lüfte kann ohne eine Nummer leben."

„Dino, du musst mir helfen, das Tier **einzufangen**!", sagte Manfred.

~

verging: passed [time] | **nahm auseinander**: disassembled | **setzte zusammen**: assembled | **der Zweifel**: doubt | **überhaupt**: at all | **machte mir Freude**: gave me pleasure | **genannt**: called | **regelmäßig**: regularly | **der Wecker**: alarm clock | **fütterte**: fed | **die Fleischreste**: meat scraps | **mochte**: liked | **besonders**: especially | **die Vorliebe**: fondness | **wippte**: bounced | **unruhig**: restlessly | **fand heraus**: found out | **gewisse** : certain | **waschecht**: genuine | **der Steinadler**: golden eagle | **das Bollwerk**: bulwark | **die Vernünftigkeit**: sanity [reasonableness] | **die Meinung**: opinion | **das Weltgeschehen**: world affairs | **wütete**: raged | **führte sich auf (wie)**: acted (like) | **den Bach runterging**: went south [took a turn for the worse] | **streichelte**: stroked | **vertraute mir**: trusted me | **die Vorratskammer**: pantry | **das Regal**: shelf | **das Mehl**: flour | **die Gummibären**: gummy bears | **der Reis**: rice | **der Orangensaft**: orange juice | **eingelegt**: pickled | **die Gurke**: cucumber | **das Tomatenmark**: tomato paste | **der Karton**: box | **die Sojamilch**: soy milk | **der Versuch**: attempt | **konnte nicht schaden**: couldn't hurt | **steckte (durch)**: stuck (through) | **der Türspalt**: door crack | **wucherte**: sprawled | **die Wange**: cheek | **die Pupille**: pupil | **leihen**: lend | **schmälerte**: narrowed | **der Schlitz**: slit | **die Folie**: foil | **Tu nicht so!**: Don't pretend! | **verlottert**: scruffy | **die Brüder**: brothers | **ließ mich stehen**: left me standing | **mehrmals**: several times | **falten**: fold | **die Strahlung**: radiation | **der Schlüssel**: key | **(schien ihm) nicht zu bekommen**: (seemed) to disagree with (him) |

gefiedert: feathered | **pfeifend**: whistling | **schlurfte**: shuffled | **stand offen**: stood open | **gell**: piercing | **der Schrei**: scream | **der Besen**: broom | **die Gardinenstange**: curtain rod | **kreischte**: screeched | **selten**: rare | **irgendein**: any | **stutzte**: stopped short | **Ihr kennt euch?**: You know each other? | **krächzte**: cawed | **die Falknerei**: falconry (park) | **(im) Osten**: in the East | **der Falkner**: falconer | **die Schulzeit**: school years | **aufgewühlt**: agitated | **nichts besonderes**: nothing special | **Woher weißt du ...?**: How do you know ...? | **vermisst**: missed | **der Metallring**: metal ring | **entspannt**: relaxed | **die Feder**: feather | **Jetzt, wo du es sagst.**: Now that you mention it. | **der Personalausweis**: ID card | **die Identifikationsnummer**: identification number | **nicht einmal**: not even | **einzufangen**: to capture

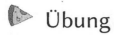 # Übung

1. Wie vergehen die Tage?

a) sehr langsam

b) normal

c) sehr schnell

2. Was macht Manni mit dem Motorrad?

a) Er fährt täglich in die Stadt.

b) Er nimmt es auseinander und setzt es zusammen.

c) Er installiert einen neuen Motor.

3. Wer ist Amadeus?

a) ein Ex-Mönch

b) ein Vogel

c) ein YouTuber

4. Amadeus erscheint jeden Morgen ... vor Dinos Fenster.

a) um halb sieben

b) um viertel nach sieben

c) um Punkt sieben

5. Was isst Amadeus am liebsten?

a) Fleischreste

b) Chips

c) Käse

6. Amadeus ist ein ...

a) Fischadler

b) Zwergadler

c) Steinadler

7. Was sucht Dino in der Vorratskammer?

a) Chips

b) Nudeln

c) Klopapier

8. Warum geht Dino in den vierten Stock?

a) Er will mit Lucar sprechen.

b) Er dreht die Wasserhähne auf.

c) Er sucht nach Amadeus.

9. Lucar gibt Dino ...

a) keine Chipstüten

b) eine Chipstüte

c) mehrere Chipstüten

10. Wen findet Dino auf seinem Bett?

a) Manfred

b) Amadeus

c) Lucar

11. Was hat er in der Hand?

a) einen Staubsauger

b) eine Ratsche

c) einen Besen

12. Manfred sagt, ein Adler ist ... Haustier.

a) ein akzeptables

b) kein

c) ein exzellentes

13. Wer vermisst einen Steinadler?

a) der Prinz von Liechtenstein

b) die Schlossverwaltung

c) eine Falknerei

14. Manfred kennt ... aus seiner Schulzeit.

a) den Prinzen

b) den Falkner

c) Lucars Mutter

15. Was hat Amadeus an seinem Fuß?

a) einen Metallring

b) eine Chipstüte

c) Vogeldreck

16. Manfred will, dass Dino ihm hilft, …

a) mit Lucar zu sprechen

b) das Tier einzufangen

c) den Metallring zu putzen

8. Unterwegs

~

„*Hic et nunc*", sagte Manni und **beschleunigte**. „Hier und jetzt. Das ist **alles, was zählt.**" Der Wind **blies** mir ins Gesicht. Wir ließen die Hauptstadt Liechtensteins hinter uns und fuhren durch ein tiefes Tal. Zu unserer Linken und Rechten **ragte**n hohe Berge in die Luft. Einige der **Kuppe**n waren noch immer mit **Schnee** bedeckt.

Amadeus saß neben mir im **Beiwagen**. Der Fahrtwind schien ihn nicht zu stören – **im Gegenteil!** Während die alpine **Landschaft** an uns **vorbeiraste**, putzte er sich. Aus einer Bluetooth-Box kam Deep House von einer **zehnstündigen** Playlist. Der Motor brummte; und wir waren auf dem Weg in den Osten.

Manfreds Arme waren mit **Kratzern bedeckt**. Tiefe **Furchen** liefen über seinen Gips. Er hatte versucht, den Adler mit dem **Besenstiel** von der Gardinenstange zu bewegen. Dies **hatte sich** als schlechte Idee **herausgestellt**. Denn die Krallen des Vogels waren **messerscharf**, und er hatte **nicht die geringste Eile**, mein Zimmer zu verlassen. Am Ende hatte ich eine **Spur** aus Lucars Kartoffelchips gelegt, aus dem Zimmer hinaus, über den Flur, die Treppenstufen hinunter, bis in die Garage. Und nun fuhren wir zu dritt auf Mannis Harley durch die Alpenmonarchie: der Ex-Mönch, Amadeus und ich.

„Die Zukunft existiert noch nicht, und die Vergangenheit ist schnell vergessen", sagte Manfred. „Viele Leute glauben, die Buddhisten und Taoisten haben das Leben im Hier und Jetzt **erfunden**. Aber schon die alten **Griechen** und **Römer** wussten davon."

„Aha", sagte ich. Ich hatte eigentlich nur gefragt, wie lange wir fahren müssen. Aber **Motorradfahren** war **so etwas wie** Meditation für den ehemaligen Mönch. Der Weg war das **Ziel**.

Die Bluetooth-Box **konkurrierte** mit dem Brummen der Motoren. Der Beiwagen **rüttelte** und **schüttelte** unter mir. Es war nicht **besonders** komfortabel, aber nach so vielen Tagen Monotonie auf dem Schloss war diese Reise eine **willkommene Ablenkung**.

Die **Hänge** der Berge waren mit **dicht**en **Wäldern** bedeckt. In den **Lichtung**en lagen kleine Dörfer mit roten **Dächern** und weißen **Kirchtürmen**, **umgeben von** grünen Wiesen, auf denen hier und dort eine **Schafherde graste**.

Nach circa zehn Minuten hielt Manfred an einer Tankstelle. Er **nahm** seinen Helm **ab** und streckte sich. Während er **tankte**, bemerkte ich die **Blicke** einer älteren Dame in einem gelben Twingo. Sie starrte mit offenem Mund auf mich und Amadeus. Anscheinend hatte sie noch nie einen Steinadler auf einem Motorrad gesehen.

Während Manfred die Tankstelle betrat, um zu bezahlen, **versammelte sich** eine kleine **Menschen- menge** um das Motorrad. Ein paar Kinder zeigten auf den Vogel und **kicherten**. Ein Mädchen machte ein Selfie mit Amadeus. Er war **zugegebenermaßen** ein sehr **fotogen**er Vogel. Die ältere Dame hatte mittler- weile ihren Twingo verlassen. Sie redete mit hoher Stimme und gestikulierte mit den Händen. Ihr Dialekt war sehr stark. Es klang wie **Schweizerdeutsch**. Ich verstand nur die Worte „**Tierschutz**" und „**Polizei**". Als Manni wieder zurückkam, hatte sie bereits ihr Handy am Ohr. Er versuchte, ihr unsere Situation zu **erklären**, aber sie war **unnachgiebig**. Also setzte er seinen Helm auf und startete den Motor.

„**Nichts wie weg**", sagte er, als wir das Dorf verließen. Die Harley **röhrte**; Amadeus kreischte. Ich schaltete die Bluetooth-Box wieder an. Am Anfang unserer Reise hatte Manfred noch **darauf bestan-**

127

den, sein Heavy Metal zu hören. Aber das machte den Vogel nur **rastlos** und **streitlustig**. Das **stetige Pulsieren** des Deep House hingegen machte ihn **schläfrig** und **fügsam**.

Wir fuhren durch einen Tunnel, ein weiteres Tal, und dann führte die Straße einen Hang hinauf. Schon **bald** blickten wir **von oben** auf die **Dächer** der **Bergdörfer**. Manfreds Harley **kämpfte gegen** die **Schwerkraft**. Der Motor **heulte**. Wir stiegen höher und höher, bis ich die **Skilifte** und ein **Ortsschild** mit der Aufschrift „Malbun" sah. Manfred hielt neben einem Hotel und sagte: „**Endstation**". Er nahm seinen Helm ab, zeigte über die Berge und sagte: „Dort drüben beginnt Österreich."

„Moment", sagte ich. „**Das war's**?" Die Reise von Vaduz nach Malbun hatte nur **knapp** zwanzig Minuten gedauert.

Manfred nickte. „Jetzt kannst du sagen, du hast ein ganzes Land auf einem Motorrad **durchquert**", sagte er.

Ich schaltete die Musik aus. Dann nahm ich die

letzte Tüte von Lucars Chips und **lockte** den Vogel aus dem Beiwagen.

In dem Moment trat ein älterer Herr mit einem Vollbart und Glatze aus dem Hotel. „Roxy!", rief er und **breitete die Arme aus**. „Meine Roxy!" Der Adler sprang sofort auf seine Schulter.

„Hoi, Alois", sagte Manfred zu dem Mann.

„Manni!", sagte er. „**Lange nicht mehr gesehen**."

Die beiden Männer näherten sich zu einem **Handschlag**, aber in letzter Sekunde nahm Alois die Hand zurück und sagte: „Sorry. Der Virus."

„**Du hast recht**", sagte Manni und trat einen Schritt zurück. „Wie geht es dir?"

Alois seufzte und sagte: „Es ist **schwierig**. Unser Dorf lebt vom Tourismus. Wir haben **praktisch** keine Gäste momentan. Normalerweise mache ich täglich **Vorstellung**en mit den Greifvögeln. Aber jetzt ist **tote Hose**. Ich glaube, sogar die Tiere haben **bemerkt**, dass etwas anders ist. Nicht wahr, Roxy?" Er **kraulte** den Kopf des Adlers.

„Ähm, ist der Vogel weiblich?", fragte ich und

zeigte auf Amadeus.

„Ja, wieso?", sagte Alois. Dann blickte er auf die Chipstüte in meiner Hand. „Ich hoffe, du hast sie nicht mit diesem **Dreckszeug gefüttert!**"

„Nein, nein", sagte ich und **versteckte** die Chipstüte hinter meinem Rücken. „Natürlich nicht."

„Roxy hat eine sehr **ausgewogen**e Diät. Sie folgt einem strikten **Ernährungsplan**. Jede Kalorie ist genau **abgezählt**."

Manfred und ich **tauschte**n einen Blick. Der Ex-Mönch **räusperte sich** und fragte: „Hast du eine Ahnung, warum sie bei uns in Vaduz **aufgetaucht** ist?"

„Ehrlich gesagt, nein", sagte Alois und **zupfte** an seinem Bart. „Adler sind sehr **eigensinnig**e Tiere, ein bisschen wie große Katzen. Sie **treffen** ihre eigenen **Entscheidung**en. Normalerweise ist sie hier der Star unserer Show! Sie **braucht** viel **Aufmerksamkeit**. Vielleicht war ihr einfach **langweilig. Wie dem auch sei**, ich danke euch **von ganzem Herzen**, dass ihr sie wieder **zurückgebracht** habt."

„Nichts zu danken", sagte Manni und zeigte auf mich. „Dino hat den Vogel entdeckt."

„Danke dir", sagte Alois zu mir und lächelte. Er streckte die Hand aus und wollte meine Hand schütteln, aber dann ließ er den Arm fallen, seufzte und sagte: „Sorry. Alte **Gewohnheit**."

„Kein Problem", sagte ich.

„Ich würde euch gerne **zum Essen einladen**", sagte Alois. „Aber das Restaurant ist geschlossen und unser Koch sitzt in Österreich fest. Dies sind seltsame Zeiten –"

„So ist es", sagte Manfred und nickte. „**Also gut**, alter Freund. **Bleib gesund!**"

„Tschüss Manni", sagte Alois und winkte.

„Tschüss Roxy", sagte Manfred.

„Tschüss Amadeus", flüsterte ich.

~

beschleunigte: accelerated | **alles, was zählt**: all that matters |
blies: blew | **ragte**: loomed | **die Kuppe**: summit | **der Schnee**:
snow | **der Beiwagen**: sidecar | **im Gegenteil**: to the contrary |
die Landschaft: landscape | **raste vorbei**: flashed by |
zehnstündig: ten-hour-long | **der Kratzer**: scratch | **bedeckt**:
covered | **die Furche**: gouge | **der Besenstiel**: broomstick |
hatte sich herausgestellt: had turned out to be |
messerscharf: razor sharp | **(hatte) nicht die geringste Eile**:
(was) not in the slightest hurry | **die Spur**: trail | **erfunden**:
invented | **die Griechen**: Greeks | **die Römer**: Romans | **das
Motorradfahren**: motorcycling | **so etwas wie**: something like
| **das Ziel**: destination | **konkurrierte**: competed | **rüttelte**:
joggled | **schüttelte**: shook | **besonders**: especially |
willkommen: welcome | **die Ablenkung**: distraction | **die
Hänge**: slopes | **dicht**: dense | **die Wälder**: forests | **die
Lichtung**: clearing | **die Dächer**: roofs | **die Kirchtürme**:
church towers | **umgeben von**: surrounded by | **die
Schafsherde**: flock of sheep | **graste**: grazed | **nahm ab**: took
off | **tankte**: fueled (up) | **der Blick**: gaze | **versammelte sich**:
congregated | **die Menschenmenge**: crowd | **kicherte**: giggled |
zugegebenermaßen: admittedly | **fotogen**: photogenic |
Schweizerdeutsch: Swiss German | **erklären**: explain | **setzte
(den Helm) auf**: put on (the helmet) | **der Tierschutz**: animal
protection | **die Polizei**: police | **unnachgiebig**: adamant |
Nichts wie weg!: Let's go! | **röhrte**: roared | **darauf
bestanden**: insisted on it | **rastlos**: restless | **streitlustig**:

belligerent | **stetig**: steady | **das Pulsieren**: pulsation | **schläfrig**: sleepy | **fügsam**: docile | **bald**: soon | **von oben**: from above | **die Dächer**: roofs | **die Bergdörfer**: mountain villages | **kämpfte gegen**: fought against | **die Schwerkraft**: force of gravity | **heulte**: howled | **der Skilift**: ski lift | **das Ortsschild**: town sign | **die Endstation**: final destination | **knapp**: almost | **Das war's?**: That was it? | **durchquert**: traversed | **lockte**: lured | **breitete die Arme aus**: spread his arms | **lange nicht mehr gesehen**: long time no see | **der Handschlag**: handshake | **schwierig**: difficult | **praktisch**: effectively | **die Vorstellung**: performance | **tote Hose**: no action [nothing happening] | **bemerkt**: noted | **kraulte**: ruffled | **das Dreckszeug**: rubbish | **gefüttert**: fed | **versteckte**: hid | **ausgewogen**: balanced | **der Ernährungsplan**: nutrition plan | **abgezählt**: counted | **(wir) tauschten (einen Blick)**: (we) exchanged (a glance) | **räusperte sich**: cleared his throat | **aufgetaucht**: appeared | **zupfte**: tugged | **eigensinnig**: obstinate | **(eine) Entscheidung treffen**: make (a) decision | **braucht**: needs | **die Aufmerksamkeit**: attention | **(ihr war) langweilig**: (she was) bored | **Wie dem auch sei.**: Be that as it may. | **von ganzem Herzen**: from the bottom of the heart | **zurückgebracht**: brought back | **die Gewohnheit**: habit | **zum Essen einladen**: ask sb. to dinner/lunch | **Also gut.**: All right. | **Bleib gesund.**: Stay healthy.

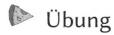 Übung

1. Dino und Manni fahren ...

a) durch ein tiefes Tal

b) entlang des Rheins

c) über einen hohen Berg

2. Wo sitzt Amadeus?

a) auf dem Rücksitz

b) auf Manfreds Schulter

c) neben Dino im Beiwagen

3. Manfred hat ... auf den Armen.

a) Chipskrümel

b) Kratzer

c) Vogeldreck

4. Er hatte versucht, den Adler ... zu bewegen.

a) mit Fleischresten

b) mit einer Ratsche

c) mit dem Besenstiel

5. Am Ende hatte Dino ...

a) die Schlossverwaltung angerufen

b) eine Spur aus Kartoffelchips gelegt

c) den Adler mit einem Besen bewegt

6. Motorradfahren ist ... für Manfred.

a) so etwas wie Meditation

b) wie langweilige Routine

c) eine willkommene Ablenkung

7. Für Dino ist die Reise ...

a) so etwas wie Meditation

b) wie langweilige Routine

c) eine willkommene Ablenkung

8. Wo hält Manfred nach zehn Minuten?

a) neben einem Kirchturm

b) an einer Tankstelle

c) an einem Schloss

9. Wo versammelt sich eine kleine Menschenmenge?

a) um das Motorrad

b) um einen Kirchturm

c) um Manfred

10. Warum versteht Dino die Frau nicht?

a) Das Motorrad ist zu laut.

b) Sie trägt eine Maske.

c) Sie hat einen starken Dialekt.

11. Wie lang hatte die Reise von Vaduz nach Malbun gedauert?

a) knapp 20 Minuten

b) knapp 22 Minuten

c) knapp 2 Stunden

12. Alois sagt, das Dorf lebt ...

a) von Industrie

b) von Banken

c) vom Tourismus

13. Momentan haben sie ... Gäste.

a) praktisch keine

b) ein Dutzend

c) sehr viele

14. Der Vogel ist ...

a) weiblich

b) männlich

15. Alois sagt, der Steinadler hat ...

a) viel Arbeit

b) oft schlechte Laune

c) eine ausgewogene Diät

16. Laut Alois sind Adler wie ...

a) große Katzen

b) kleine Katzen

c) große Hunde

17. Warum lädt Alois Dino und Manfred nicht zum Essen ein?

a) Er hat keine Vorräte mehr.

b) Das Restaurant ist geschlossen.

c) Er muss den Adler füttern.

18. Wo sitzt der Koch fest?

a) in Deutschland

b) in Österreich

c) in der Schweiz

9. Geistige Spaziergänge

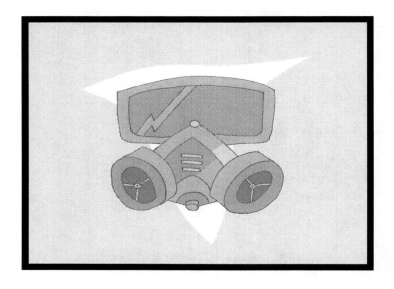

~

Die nächsten paar Wochen **verliefen schleppend**. Meine Routine war das einzige, was mir ein Gefühl von Zeit gab. Wir putzten, kochten, aßen und **schlief**en. Manfred schien kein Problem mit der Monotonie zu haben. Wahrscheinlich war das Leben im Kloster **ähnlich ereignislos**. Ich hingegen freute mich über jede **Abwechslung**.

Einmal pro Woche zum Beispiel, jeden Mittwoch, kam jetzt der **Gärtnerdienst** aus der Stadt. Sie kamen in einem weißen LKW, mit **Heckenscheren**, **Rasenmähern** und weißen **Gesichtsmasken**. **Anfangs** hatte ich versucht, mit ihnen zu sprechen, aber sie gaben nur **einsilbig**e Antworten. Also beobachtete ich ihre Arbeit aus meinem Fenster. Ähnlich wie die kleinen Staubsaugerroboter liefen sie über den Garten, schnitten, **mähten** und **kehrten**. Dann packten sie ihre **Utensil**ien wieder in den weißen LKW und verschwanden.

Selbst nach vielen Tagen dachte ich noch immer an Amadeus „Roxy" den Steinadler. Manchmal wachte ich morgens auf und wartete darauf, dass der Vogel wieder am Fenster erschien. Ich schaute in den Himmel und suchte nach der Silhouette des Adlers, doch der Himmel war leer.

„Was machen Mönche eigentlich in ihrer **Freizeit**?", fragte ich Manni eines Tages. Wir standen in der Küche und ich schälte wieder einmal Kartoffeln.

„Ganz einfach", sagte Manni. „Sie haben keine."

„Wie meinst du?", fragte ich.

„Der Mönch ist ein Diener Gottes", sagte Manni. „Er hat kein **Privatleben**."

„Gut, das ist die **Parteilinie**", sagte ich und **fegte** einen Haufen Kartoffelschalen in den Müll. „Nur Arbeit und Gebet, ich weiß. Aber **sei ehrlich!** Hattest du nie Langeweile in all den Jahren?"

„Langeweile?" Manfred zuckte mit den Achseln. „In meiner **Zelle** habe ich viel gelesen. Ich habe **Altgriechisch** gelernt und die alten Klassiker im Original studiert. Wenn alle Arbeit **getan**, alle **Gebet**e **gebetet**, die Sonne **untergegangen** war und ich alleine in der Zelle saß, im **geistig**en **Gespräch** mit **antik**en **Denker**n, vergaß ich alles um mich herum. Ich wanderte mit Sokrates über die *Agora*, spazierte in Gedanken über die *Stoa Poikile* und saß mit Diogenes im **Fass**."

„Ich weiß nicht", sagte ich und schüttelte den Kopf. „Das Leben im Kloster klingt für mich wie das Leben im **Gefängnis**. Allein das Wort ‚Zelle' ..."

„Du hast recht", sagte Manfred und lachte. „Prinzipiell **hätte** ich dies alles auch in einem Gefängnis **studieren können**. Aber am Ende des Tages sind Mönche doch die besseren Mitbewohner als **Mörder, findest du nicht?"**

Es war Ende April, als die ersten **Geschäfte** wieder öffneten. Man konnte nun auch wieder zum **Friseur** gehen, doch ich hatte ein paar Tage zuvor im Internet gesehen, dass es **gar nicht so schwer** war, sich selbst die Haare zu schneiden. Man brauchte nur zwei **Spiegel** und ein bisschen **Fingerspitzengefühl** – dachte ich, zumindest. Aber Elisabeth **war anderer Meinung.**

„Was zum –", sagte sie, als ich ihren Videoanruf annahm.

„Nicht schlecht, oder?", sagte ich und drehte meinen Kopf vor der Kamera. „Es ist **mein erster Versuch,** aber **im Großen und Ganzen** bin ich sehr zufrieden."

„Oh mein Gott!", rief sie. „Dino! Was hast du gemacht? Es ist alles **krumm und schief**!"

„Findest du?", sagte ich. „Es ist nicht so leicht, die

143

Haare an allen Seiten **gleich lang** zu schneiden. Am Ende ist alles ein bisschen kürzer geworden, weil ich viel **korrigieren** musste."

„Du siehst aus wie eine **Straßenkatze**, über die ein Rasenmäher gefahren ist!", rief sie.

„Danke für das Kompliment", sagte ich. „Wenn du es nicht magst, kann ich es ändern. Ich habe verschiedene **Stil**e gelernt und ..."

„Dino", **unterbrach** sie mich. „Geh zum Friseur! Sofort!"

Also machte ich mich wieder auf den Weg in das Zentrum von Vaduz. Diesmal waren mehr Menschen unterwegs, und die meisten von ihnen trugen Gesichtsmasken. Ich spazierte über die Fußgängerzone, vorbei am Landesmuseum, Postmuseum, Kunstmuseum und kleinen Geschäften. Das Schloss des Prinzen war **von überall aus** zu sehen und **thronte** auf einer hohen **Klippe** über der kleinen Stadt.

Vor dem Rathaus fand ich einen Friseur, dessen Preise akzeptabel schienen. Auf einem Schild stand: „Bitte 2 Meter Abstand einhalten. Ohne Maske **kein**

Eintritt." Glücklicherweise hatte Manfred mir eine alte **Malermaske** gegeben. Ich öffnete meinen Rucksack und nahm sie heraus. Es war ein **schweres hässliches** Ding mit zwei massiven **Filtern**. Ich setzte sie auf. Es roch nach **Lack** und altem **Schweiß**.

Ich betrat den Friseursalon und bekam sofort einen **Platz**. Die Friseurin trug **Gummihandschuhe** und eine Gesichtsmaske mit kleinen **Herzen**. Sie zupfte an meinen Haaren, runzelte die Stirn und sagte: „Selbst gemacht?"

„Mein erster Versuch", murmelte ich hinter der Maske.

„Ich habe schon Schlimmeres gesehen", sagte sie und lächelte. Zumindest glaubte ich, dass sie lächelte, denn ihr Mund war hinter der Maske nicht **sichtbar**.

Während die Friseurin die **angebliche** Katastrophe auf meinem Kopf korrigierte, hörte ich plötzlich eine laute Stimme. Durch die Fensterscheibe sah ich, wie jemand vor dem **Rathausplatz** auf einer **Gemüsekiste** stand und in ein Megafon **brüllte**.

Es klang wie: „WI-DER-STAND, WI-DER-

145

STAND!"

„Ist für heute eine Demonstration **angemeldet**?",
fragte die Friseurin ihren Kollegen. Er zuckte mit den
Achseln und **schob** eine ältere Dame unter die
Trockenhaube.

Der Mann auf der Gemüsekiste trug einen
schmutzigen Bademantel und – nein, das **konnte
nicht sein**! Ich sprang auf. „Hey!", rief die Friseurin.
„Ich bin **noch nicht fertig**."

Den **Friseurkittel** über meinen Schultern und
Spangen in meinem Haar rannte ich nach draußen.
Und tatsächlich! Es war Lucar Maddox. Seine
Wangen waren **eingefallen** und die Augenringe
tiefblau. Eine Maske trug er nicht.

In der Hand hielt er ein Schild mit der Aufschrift:
„NEIN ZUR VIRUS-DIKTATUR!"

„Hey, Lucar", rief ich, während er weiter in sein
Megafon brüllte. „Was machst du hier?"

„Sie haben meinen **Kanal gelöscht**!", sagte er.
„Wegen ‚**Desinformation**'!" (Da waren sie wieder,
die Anführungszeichen.)

„Oh ...", sagte ich.

„Die Regierung benutzt die Pandemie, **um** unsere **Grundrecht**e massiv **einzuschränken!**", rief er. „Siehst du es nicht?"

„Aber die Geschäfte öffnen doch gerade wieder!", sagte ich. „Auch die Kindergärten, Schulen und Museen sollen bald wieder öffnen, habe ich gehört."

„Öffne *du* **erst mal** die Augen! Es ist alles eine **Lüge!**", rief er. Das Megafon kreischte und fiepte. „WI-DER-STAND! WI-DER-STAND!"

„Lucar, Mann! **Hör auf!**", sagte ich und zupfte an seinem Bademantel. Die Passanten **beäugte**n uns mit **argwöhnisch**en Blicken. „Du brauchst Schlaf und **gesund**es Essen."

„Ich brauche nur eins", sagte der YouTuber mit **fiebrig**em Blick. „Dass dieses Land endlich aufwacht! In anderen Ländern demonstrieren die Menschen gegen diesen **Wahnsinn**. Nur hier nicht! Der **Wohlstand** hat die Leute **faul** und **gutgläubig** gemacht. Es sind alles Schafe." In das Megafon brüllte er: „MÄÄH, MÄÄH!"

In dem Moment näherten sich zwei Polizisten mit schwarzen Masken. Ich trat einen Schritt zurück.

„Haben Sie eine **Genehmigung** für diese Demonstration?", fragte ein Polizist den Jungen.

„Ihr könnt mich nicht **mundtot machen!**", rief er. Dann nahm er sein Megafon und kreischte: „NEIN ZUR MASKE, NEIN ZUM **MAULKORB!**"

„Lucar!", rief ich. „**Komm schon! Das ist es nicht wert.**"

„Kennen Sie diesen Mann?", fragte mich der Polizist.

„Ähm, nicht wirklich", sagte ich. „Aber er braucht Hilfe, glaube ich."

Ein Polizist nahm Lucar das Megafon aus der Hand. Der andere nahm sein Schild. Der Junge **wehrte sich** zuerst mit **schlaksig**en Bewegungen, aber **gab** bald **auf**. Wenig später **führte**n die Polizisten ihn zu einem Streifenwagen und fuhren davon. Nun stand ich allein auf dem Rathausplatz, mit einer Gemüsekiste und einem halben **Haarschnitt**.

~

die Spaziergänge: walks | verlief: proceeded | schleppend: sluggishly | schlief: slept | ähnlich: similarly | ereignislos: uneventful | die Abwechslung: alternation | der Gärtnerdienst: gardener's service | die Heckenschere: hedge trimmer | der Rasenmäher: lawn mower | die Gesichtsmaske: face mask | anfangs: in the beginning | einsilbig: monosyllabic | mähte: mowed | kehrte: returned | das Utensil: utensil | die Freizeit: leisure (time) | das Privatleben: private life | die Parteilinie: party line | fegte: swept | Sei ehrlich!: Be honest! | die Zelle: cell | das Altgriechisch: classical Greek | getan: done | das Gebet: prayer | gebetet: prayed | untergegangen: set [sun] | geistig: mental/spiritual | das Gespräch: conversation | antik: classical | der Denker: thinker | das Fass: barrel | das Gefängnis: prison | hätte studieren können: could have studied | der Mörder: murderer | ..., findest du nicht?: ..., don't you think? | das Geschäft: business | der Friseur: hairdresser | gar nicht so schwer: not all that difficult | der Spiegel: mirror | das Fingerspitzengefühl: instinctive feeling | war anderer Meinung: felt otherwise [had different opinion] | mein erster Versuch: my first try | im Großen und Ganzen: by and large | krumm und schief: warped and crooked | gleich lang: equally long | korrigieren: correct | die Straßenkatze: street cat | der Stil: style | unterbrach: interrupted | von überall aus: from everywhere | thronte: sat enthroned | die Klippe: cliff | kein Eintritt: no entrance | glücklicherweise: fortunately | die Malermaske: painting mask | **schwer**: heavy | **hässlich**: ugly | **der Filter**: filter | **der Lack**: varnish | **der Schweiß**: sweat | **bekam**: received | **der Platz**: seat | **der Gummihandschuh**: rubber glove | **das Herz**: heart | **sichtbar**: visible | **angeblich**: allegedly | **das Rathausplatz**: town hall square | **die Gemüsekiste**: vegetable crate | **brüllte**: screamed | **angemeldet**: registered | **schob**: pushed | **die Trockenhaube**: drying hood | **(es) konnte nicht sein**: (it) could not be | **noch nicht fertig**: not ready yet | **der Friseurkittel**: hairdressing gown | **die Spange**: (hair) clip | **eingefallen**: sunken [cheeks] | **tiefblau**: deep blue | **der Kanal**: channel | **gelöscht**: deleted | **die Desinformation**: disinformation | **um ... einzuschränken**: in order to restrict ... | **das Grundrecht**: fundamental right | **erst mal**: first | **die Lüge**: lie | **Hör auf!**: Stop it! | **beäugte**: eyed | **argwöhnisch**: suspicious | **gesund**: healthy | **fiebrig**: feverish | **der Wahnsinn**: madness | **der Wohlstand**: prosperity | **faul**: lazy | **gutgläubig**: gullible | **die Genehmigung**: authorization | **(jemanden) mundtot machen**: to silence (somebody) | **der Maulkorb**: muzzle | **Komm schon!**: Come on! | **Das ist es nicht wert.**: It's not worth it. | **(er) wehrte sich**: (he) defended himself | **schlaksig**: lanky | **gab auf**: gave up | **führte**: led | **der Haarschnitt**: haircut

Übung

1. Wer hat kein Problem mit der Monotonie?

a) Dino

b) Lucar

c) Manfred

2. Wer kommt jeden Mittwoch?

a) der Gärtnerdienst

b) der Frisör

c) die Putzkraft

3. An wen denkt Dino?

a) an Elisabeth

b) an Amadeus

c) an Alfredo

4. Dino fragt Manfred, ...

a) welche Bücher Mönche lesen

b) was Mönche in ihrer Freizeit machen

c) warum Mönche kein Internet haben

5. Was hat Manfred im Kloster gelernt?

a) Altgriechisch

b) Mechanik

c) Vietnamesisch

6. Für Dino klingt das Leben im Kloster wie ...

a) ein Leben in Langeweile

b) das Leben im Gefängnis

c) ein Leben ohne Spaß

7. Wann öffnen die ersten Geschäfte wieder?

a) Anfang April

b) Mitte April

c) Ende April

8. Dino hat im Internet gesehen, wie man ...

a) Käsespätzle zu Hause kochen kann

b) sich selbst die Haare schneiden kann

c) Musik mit dem Computer machen kann

9. Wie findet Elisabeth Dinos neuen Haarschnitt?

a) sehr gut

b) in Ordnung

c) sehr schlecht

10. Warum geht Dino in die Stadt?

a) Er will ein Paket verschicken.

b) Er sucht nach dem Steinadler.

c) Er sucht nach einem Frisör.

11. Was sieht Dino auf dem Rathausplatz?

a) einen Mann auf einer Gemüsekiste

b) einen Mann mit einer Malermaske

c) eine Frau auf einer Gemüsekiste

12. Wer brüllt in ein Megafon?

a) ein Polizist

b) Lucar Maddox

c) Manfred

13. Lucar behauptet, die Regierung will ...

a) die Grundrechte einschränken

b) die Grenzen nicht öffnen

c) nicht gegen den Virus kämpfen

14. Dino findet, Lucar braucht ...

a) mehr loyale Anhänger

b) Schlaf und normales Essen

c) finanzielle Hilfe

15. Die Polizisten fragen Lucar, ...

a) ob er eine Genehmigung für die Demonstration hat

b) warum er keine Gesichtsmaske trägt

c) wie viele Anhänger er hat

16. Sie führen ihn zu einem ...

a) Frisör

b) Krankenhaus

c) Streifenwagen

10. Praktisch Familie

~

„Bist du sicher, dass er nicht **wiederkommt?**", fragte ich und öffnete einen schwarzen **Müllsack.**

Wir standen in Lucars Zimmer und **überblickten** das Chaos. Der Boden war mit leeren Chipstüten bedeckt, überall lagen leere 2-Liter-Colaflaschen und an den Wänden hingen **Zettel** mit **kryptischen Zeichnung**en und **Notiz**en in **kruder Handschrift.**

Der Ex-Mönch schüttelte den Kopf und sagte: „Laut der Schlossverwaltung wohnt er jetzt bei seiner Mutter."

„Und was ist mit der Polizei?", fragte ich und zog ein Paar gelbe **Latexhandschuh**e an.

„Nichts", sagte Manfred und schob einen Haufen Chipstüten mit dem Fuß beiseite. „Der **Polizeipräsident** ist Lucars **Onkel**."

„Hier kennt wirklich jeder jeden, oder?", sagte ich und **stopfte** ein paar Flaschen in den Müllsack.

Manni machte eine Handbewegung und sagte: „Es ist ein kleines Land, Dino. Was willst du machen?"

An einer Wand des Zimmers stand ein Schreibtisch mit einem Laptop. Ich drückte eine **Taste** und der Bildschirm wachte auf. Ich sah dubiose **Chatverläufe**, **Diagramme** von **Sendemast**en und Memes gegen Gesichtsmasken.

Ich seufzte, klappte den Laptop zu und steckte ihn in einen zweiten Müllsack. Dann **sprühte** ich **Desinfektionsmittel** auf die **Tischplatte** und wischte sie **gründlich** mit einem **Lappen**.

Die **gegenüberliegende** Wand des Zimmers war **vollständig** von einer grünen **Leinwand verdeckt.** Ich sah ein Stativ ohne Kamera. Daneben stand ein **Kleiderständer** mit verschiedenen **Hemden, Hosen** und **Hüten.** Hatte hier Lucar seine Instagram-Fotos **inszeniert?** Ich **rollte** die Leinwand **zusammen,** packte die Klamotten in einen Müllsack und schob den Kleiderständer aus dem Zimmer.

„Mannomann!", hörte ich Manfred sagen, als ich wieder zurückkam. Er stand in einer Ecke neben einem schmalen Bett und hielt etwas in der Hand.

„Was ist das?", fragte ich und kam näher.

„Tafil", sagte Manfred und wedelte mit einer schmalen weißen **Schachtel.** Er trug ebenfalls gelbe Handschuhe.

„Das ist ein **Mittel** gegen **Angststörunge**n", erklärte der Ex-Mönch. „In Amerika nennen sie es *Xanax.* **Schau mal!"**

Er zeigte in die **Schublade** des Nachttischs, wo mindestens zwanzig **solche**r Packungen lagen. Die meisten schienen leer oder halbleer. Ich pfiff durch

159

die **Zähne**.

„Das erklärt einiges", sagte Manfred und stopfte die Schachteln in einen Müllsack.

„Du meinst, der Junge hat psychische Probleme?", fragte ich.

„Das habe ich nie **bezweifelt**", sagte Manfred. „Aber **darüber hinaus** hat er auch noch ein **Drogenproblem**."

* * *

Es war Mitte Juni, als die Grenzen wieder öffneten. Nach drei Monaten konnte ich nun endlich dieses Land verlassen. Aber wohin sollte ich gehen? Ein Großteil der Welt war noch immer im **eisern**en **Griff** des Virus.

Vor allem die Nachrichten aus Amerika waren **besorgniserregend**. Alfredos **Schwiegervater** in Florida hatte sich **angesteckt**. Er hatte für Wochen auf der **Intensivstation** gelegen. Mittlerweile schien es ihm besser zu gehen, aber es war **kein Ende** der Ansteckungen **in Sicht**.

Zumindest konnte man sich jetzt **innerhalb** von

Europa wieder relativ **frei bewegen,** wenn auch nur mit Gesichtsmaske und **Abstandsregeln.**

Mittlerweile hatten die **Dreharbeiten** an Elisabeths Set langsam wieder begonnen und in ihrer WG war ein Zimmer frei. Es war **höchste Eisenbahn** für mich, dieses Schloss und die Alpenmonarchie zu verlassen.

Wortwörtlich, denn es gibt keinen Flughafen in Liechtenstein, nicht einmal eine Autobahn. Also brachte mich Manni auf seiner Harley zum nächsten Bahnhof.

„Und was wirst du jetzt machen?", fragte ich den Ex-Mönch, als wir auf dem **Bahnsteig** warteten.

„Die Schlossverwaltung hat mir einen festen Job **angeboten",** sagte Manfred. „Normalerweise würde jetzt die Festivalsaison beginnen. Aber alle Konzerte sind für den Rest des Jahres abgesagt."

„Verstehe", sagte ich. **„Es ist** wahrscheinlich **besser so."**

„Wahrscheinlich", sagte er und zuckte mit den Achseln. „Nächste Woche habe ich erst einmal einen

Arzttermin. Dann nehmen sie endlich diesen Gips ab."

„**Glückwunsch**!", sagte ich.

„Pass auf dich auf, mein Freund!", sagte Manfred, als mein Zug in den Bahnhof **einfuhr**.

„Danke für alles, Manni", sagte ich. „Eins ist sicher. Ich werde diese Zeit hier niemals vergessen."

Er breitete die Arme aus. Ich **zögerte** und schaute mich um. Wie die meisten Menschen auf dem Bahnsteig trugen wir Maske und **hielt**en uns **an** die Abstandsregeln.

„**Komm schon**!", rief der Ex-Mönch und lachte. „Wir sind praktisch Familie."

Ich **umarmte** den ehemaligen Mönch kurz, nahm meinen Koffer und betrat den Zug. Innerhalb des Zuges trugen ebenfalls alle Passagiere Maske. Die Klimaanlage arbeitete **auf Hochtouren**. Einige der Sitzplätze waren blockiert, um den korrekten Abstand einzuhalten. Ich fand einen freien Platz am Fenster. Der Zug **setzte sich** langsam **in Bewegung**. Ich öffnete das Fenster. Manni winkte. Ich winkte zurück.

Laut Plan sollte die Zugfahrt knapp acht Stunden dauern, mit **mehrmaligem Umsteigen**, bis ich endlich am Berliner **Hauptbahnhof** ankommen würde. Ich schob meinen Koffer unter den Sitz und lehnte mich in die weichen **Sitzpolster** zurück.

Wir fuhren **entlang** des **Rheins** Richtung Norden. Der Himmel war strahlend blau. Die Sonne **glitzerte** auf dem Wasser. **Längliche Binnenschiffe** fuhren über den breiten Fluss. Sie waren mit **Kohle**, **Kies** und bunten **Containern beladen**.

Nach knapp einer halben Stunde erreichten wir die Grenze zu Österreich. Ich schaute ein letztes Mal über die Liechtensteiner Berge und sah die Silhouette eines Vogels, hoch über einem Abhang. Ich stand auf und steckte meinen Kopf durch das Fenster. Für eine Sekunde glaubte ich, einen **Adlerschrei** über dem **Rattern** und **Zischen** des Zuges zu hören. „Amadeus?“, flüsterte ich. Dann fuhren wir durch einen Tunnel und waren in Österreich.

~

wiederkommt: returns | **der Müllsack**: garbage bag | **überblickte**: surveyed | **der Zettel**: slip of paper | **kryptisch**: cryptic | **die Zeichnung**: drawing | **die Notiz**: note | **krude**: crude | **die Handschrift**: handwriting | **der Latexhandschuh**: latex glove | **der Polizeipräsident**: police president | **der Onkel**: uncle | **stopfte**: stuffed | **die Taste**: key [button] | **die Chatverläufe**: chat histories | **das Diagramm**: diagram | **der Sendemast**: transmitting mast | **sprühte**: sprayed | **das Desinfektionsmittel**: disinfectant | **die Tischplatte**: table top | **gründlich**: thoroughly | **der Lappen**: rag | **gegenüberliegend**: opposite | **vollständig**: completely | **die Leinwand**: canvas | **(von etw.) verdeckt**: covered (by sth.) | **der Kleiderständer**: clothes rack | **das Hemd**: shirt | **die Hose**: trousers | **die Hüte**: hats | **inszeniert**: staged | **rollte zusammen**: rolled up | **die Schachtel**: box | **das Mittel**: remedy | **die Angststörung**: anxiety disorder | **Schau mal!**: Look! | **die Schublade**: drawer | **solche**: such | **die Zähne**: teeth | **(ich habe das nie) bezweifelt**: (I never) doubted (that) | **darüber hinaus**: apart from this | **das Drogenproblem**: drug problem | **eisern**: iron | **der Griff**: grip | **besorgniserregend**: worrying | **der Schwiegervater**: father-in-law | **(er hatte sich) angesteckt**: (he got) infected | **die Intensivstation**: intensive care unit | **kein Ende in Sicht**: no end in sight | **innerhalb**: within | **frei bewegen**: move freely | **die Abstandsregel**: distance rule | **die Dreharbeiten**: shooting [film] | **höchste Eisenbahn**: high time | **wortwörtlich**: literally | **der Bahnsteig**: platform |

angeboten: offered | **Es ist besser so.**: It's for the best. | **der Arzttermin**: doctor's appointment | **Glückwunsch!**: Congratulations! | **einfuhr**: came in [train] | **zögerte**: hesitated | **(ich) hielt (mich an)**: (I) abided (by) | **Komm schon!**: Come on! | **umarmte**: hugged | **auf Hochtouren**: at full blast | **setzte sich in Bewegung**: began to move | **mehrmalig**: several times | **das Umsteigen**: change [train] | **der Hauptbahnhof**: central station | **das Sitzpolster**: seat cushion | **entlang**: along | **der Rhein**: Rhine | **glitzerte**: glittered | **länglich**: longish | **das Binnenschiff**: barge | **die Kohle**: coal | **der Kies**: gravel | **der Container**: container | **beladen**: loaded | **der Adlerschrei**: eagle's screech | **das Rattern**: rattling | **das Zischen**: hissing

 Übung

1. In wessen Zimmer stehen Dino und Manni?

a) in Lucars Zimmer

b) in Mannis Zimmer

c) in Dinos Zimmer

2. Wo wohnt Lucar jetzt?

a) bei seinem Vater

b) in einer WG

c) bei seiner Mutter

3. Wer ist Lucars Onkel?

a) ein Polizist

b) der Polizeipräsident

c) der Prinz

4. Was findet Dino *nicht* auf Lucars Laptop?

a) Fotos von Aluminiumfolie

b) Diagramme von Sendemasten

c) Memes gegen Gesichtsmasken

5. Was steht an einer Wand?

a) eine blaue Leinwand

b) eine grüne Leinwand

c) eine weiße Leinwand

6. Auf einem Kleiderständer hängen ...

a) Hemden, Handschuhe und Hüte

b) Hemden, Hosenträger und Hüte

c) Hemden, Hosen und Hüte

7. Was findet Manfred in einem Nachttisch?

a) einen Laptop

b) Hemden, Hosenträger und Hüte

c) eine schmale weiße Schachtel

8. Das Mittel hilft ...

a) gegen Angststörungen

b) bei Langeweile

c) gegen Drogensucht

9. Wie viele Packungen liegen in Lucars Schublade?

a) mindestens zwölf

b) mindestens zwanzig

c) maximal zwanzig

10. Wann öffnen die Grenzen Liechtensteins wieder?

a) Mitte Juni

b) Mitte Juli

c) Anfang Juni

11. Wie lange war Dino in Liechtenstein?

a) 13 Tage

b) 3 Wochen

c) 3 Monate

12. Wer hat sich mit dem Virus infiziert?

a) Alfredo

b) Alfredos Schwiegermutter

c) Alfredos Schwiegervater

13. Die Dreharbeiten an Elisabeths Set ...

a) stehen still

b) haben wieder begonnen

c) gehen schleppend voran

14. Was ist ein anderer Ausdruck [*expression*] für „höchste Eisenbahn"?

a) höchstes Motorrad

b) höchste Autobahn

c) höchste Zeit

15. Wohin fahren Dino und Manni?

a) zum Flughafen

b) zum Bahnhof

c) auf die Autobahn

16. Wie viele Flughäfen gibt es in Liechtenstein?

a) keine

b) einen

c) zwei

17. Wer hat Manfred einen festen Job angeboten?

a) ein Kloster

b) die Schlossverwaltung

c) Lucar Maddox

18. Wann hat Manfred einen Arzttermin?

a) in zwei Tagen

b) in einer Woche

c) in zwei Wochen

19. Innerhalb des Zuges tragen ... Passagiere Maske.

a) alle

b) ein paar

c) keine

20. Wie lang soll die Zugfahrt nach Berlin dauern?

a) 80 Minuten

b) 8 Stunden

c) 18 Stunden

21. Wie oft muss Dino umsteigen?

a) einmal

b) keinmal

c) mehrmals

22. Der Zug fährt Richtung ...

a) Süden

b) Osten

c) Norden

23. Wann erreicht der Zug die Grenze?

a) nach knapp einer halben Stunde

b) nach exakt einer Stunde

c) nach knapp einer Viertelstunde

24. Was sieht Dino hoch über einem Abhang?

a) ein Flugzeug

b) die Silhouette eines Vogels

c) die Sonne

Answer Key/Lösungen

1. b, c, b, c, b, c, b, c, c, a, b, c, a, b, a, b, a, c, c, b

2. c, b, c, b, b, a, c, a, b, c, c, b, c, a, b, a, a, b, b, c, a

3. c, a, c, b, c, c, a, b, c, c, a, b, a, c

4. c, a, c, a, c, b, c, b, a, c, a, c, c, a, c, a, c, c

5. c, a, c, a, c, a, a, c, a, c, b, c, a, c, a, c, a, c

6. b, a, b, b, b, a, b, c, a, a, b, c, b, b

7. a, b, b, c, b, c, a, a, c, a, c, b, c, b, a, b

8. a, c, b, c, b, a, c, b, a, c, a, c, a, a, c, a, b, b

9. c, a, b, b, a, b, c, b, c, c, a, b, a, b, a, c

10. a, c, b, a, b, c, c, a, b, a, c, c, b, c, b, a, b, b, a, b, c, c, a, b

About the Author

 **André Klein** was born in Germany, grew up in Sweden and Thailand and currently lives in Israel. He has been teaching languages for more than 15 years and is the author of various short stories, picture books and non-fiction works in English and German.

Website: andreklein.net

Twitter: @barrencode

Blog: learnoutlive.com/blog

Bonus Materials

For further study and vocabulary practice we provide the following free bonus materials:

Flashcard Sets & Word Lists

- ▶ study and reinforce vocabulary
- ▶ practice on your phone, tablet or desktop
- ▶ print and cut your own flashcards
- ▶ export handy word lists for each chapter
- ▶ download flashcards in ANKI format

To access these bonus materials visit:

learnoutlive.com/dld11

* * *

Get Free News & Updates

Visit the link below to sign up for free updates about new and upcoming books, discounts, German learning tactics, tools, tips and much more.

learnoutlive.com/german-newsletter

———

We're also on Facebook and Twitter:
Search for „learnoutlive german books"

Acknowledgements

Special thanks to Deborah Hanson, Chris Workman and Eti Shani.

———

This book is an independent production. Did you find any typos or broken links? Send an email to the author at andre@learnoutlive.com and if your suggestion makes it into the next edition, your name will be mentioned here.

You Might Also Like ...

Experience the Dino lernt Deutsch series on your stereo or headphones, at home or on the go. Narrated by the author with special emphasis on comprehension practice and pronunciation, these audiobooks are designed for an immersive experience.

available on Audible, Apple Books and as MP3
more info: books.learnoutlive.com/audio

This collector's edition comprises all five episodes of the popular "Baumgartner & Momsen" crime and mystery series for intermediate and advanced German learners: "Mord am Morgen", "Die Dritte Hand", "Des Spielers Tod", "Zum Bärenhaus" and "Heidis Frühstück".

available as paperback and ebook

LEARN GERMAN
WITH STORIES:

COMPLETE EDITION

ASCHKALON

THE INTERACTIVE
FANTASY ADVENTURE
FOR GERMAN LEARNERS

This interactive adventure ebook for German learners puts you, the reader, at the heart of the action. Boost your grammar by engaging in sword fights, improve your conversation skills by interacting with interesting people and enhance your vocabulary while exploring forests and dungeons.

available as ebook edition

Thank you for supporting independent publishing.

Made in the USA
Columbia, SC
02 October 2023

23799265R00100